U0016997

中國歷史轉型時期的知識分子

余英時等著

序一

　　這部《中國歷史轉型時期的知識分子》是一次學術研討會的論文集。1991年8月間，《聯合報》為了慶祝創刊四十年，在紐約舉辦了為期一天半的研討會，主題便是中國史上的知識分子。論文的原文都是用英文寫成的，這次結集出版，有的已經作者用中文改寫擴大，但多數是直接從原文譯成中文的。關於這個題旨，我們在不久的將來還要繼續深入研究，希望在一兩年內英文版的最後定本可以問世。

　　本書所收的十篇文字，除了艾森希塔的一篇是從歷史社會學的觀點檢討知識分子在世界幾個古老文明中的不同功能外，其餘九篇都是專論中國知識分子的，在時間上，上起先秦，下迄1989年的天安門民主運動。但是我們並無意要寫一部中國知識分子的通史，相反地，我們的注意力是集中在中國歷史幾個重要轉折點上知識分子的思想和活動。

　　本書的作者，除了艾森希塔和金耀基以外，都是在美國大學裡從事有關中國歷史和思想教學和研究的專業人員。毋庸諱言，我們的出發點是西方的中國文化研究；我們也希望我們的討論對西方的中國文化研究能夠發生一點影響。換句話說，我們撰文時

最初是以西方的讀者為對象的。然而這並不是說，本書所涉及的問題對於中國的讀者而言是完全不相干的。我的意思不過是要說明：我們的論點在有意無意之間往往針對著西方的中國史研究中所出現的問題而發，其中有些問題未必是中國的讀者所特別感到興趣的。

　　第二次世界大戰以後，所謂「中國研究」（Chinese studies）在西方有重大的發展，在美國尤其興旺。無論以研究的範圍和出版的數量而言，美國在最近三、四十年都居於西方「中國研究」的領導地位。自五十年代初起，美國政府和私家基金會，由於對中國現狀的關切和制訂對華政策的需要，在各大學的「中國研究」方面，進行了大量的投資。基於同一動機，美國的學術界也接受了發展「中國研究」的任務。但正由於此，美國的中國史研究先天地便具有「厚今薄古」的傾向：研究中共的隊伍最大，中國近代史（十九世紀中葉以下）次之，至於十八世紀以上，則大致是越往前便越小。這本是美國史學界的一種正常的現象，西方史的狀況也大致如此，因此中古史和希臘、羅馬的古典研究也呈現衰落的危機，以致最近引起了美國教育部和國家人文基金會的特別關注。

　　這種「厚今薄古」之風對於中國文化和思想的研究有直接和間接的負面影響。直接的負面影響自然是人才缺乏、研究不足。這一點在美國尤為嚴重，因為美國的「漢學」（Sinology）傳統遠比歐洲為薄弱。歐洲「漢學」一向偏重在中國古典文獻的研究，對於中國文化和思想的大傳統因而有較深的接觸。美國的「漢學」起源較晚，最初也從歐洲傳來，但在五十、六十年代已逐漸為社

會科學取向的「中國研究」所排斥，而處於邊緣的位置。

　　間接的負面影響則是通過1949年以後的變局去理解中國文化的傳統，因而不可避免地有所歪曲。五十年代以來的「中國研究」大致對中共的「革命」持肯定的態度，而把中國的文化傳統看作是現代化的障礙。這一觀點本來是三、四十年代中國的左派知識分子所提倡，由於美國學人研究中國史首先便參考這些中文論著，所以它自然便暗渡陳倉了。這一觀點在美國的「中國研究」中又有了新的具體發展。例如說，把中共的極權體制和傳統的專制看成一脈相承；把馬列主義的絕對權威和儒家的政治功能當作一丘之貉；把傳統的「士」解釋為地主、官僚、紳士的三位一體；以西方近代的政、教分離為對照，而說中國自古及今都是「政教合一」等。這些說法並不全是無根之談，但稍知中國傳統者終不免覺得是似是而非的皮相之論，未曾搔著癢處。

　　但以上所說是美國「中國研究」的一般情況，並不能概括所有的中國文史研究者，本書各作者則恰恰不在其中。僅以本書的三位美國本土作者而言，他們便都對上述「厚今薄古」的學風持批評和懷疑的立場，並且各在專門領域內對中國的文化傳統具有同情的瞭解。這可以算是本書的一個顯著的特色，我覺得應該特別指出，請讀者注意的。

　　本書之所以得呈現於讀者之前，我們必須感謝王惕吾先生的全力支持。如果不是由於惕吾先生對於中國文化和人文研究特加重視，這次學術討論會是不可能召開的。今年值先生八十大慶，這部論文集的出版恰好可以作為我們祝壽的獻禮。

　　　　　　　1992年 7 月 27 日余英時序於普林斯頓

序二

　　這本書是一次學術討論會的紀錄。最近世界變化，中國大陸
經歷了六四及經濟開放，台灣也經驗了曲折而多變的民主化歷程。
在海外的一群中國讀書人，覺得在激情之外，還應該有一番反省，
省察自己這一類人——所謂「知識分子」——在過去做了些什麼
事？在未來還有哪些該做的事？為此，我們邀約了平時可以談得
來的朋友，組織了一個討論會，以討論中國歷史上知識分子的功
能與作用。我們邀約的出席人，並不只限於華裔的史學家；我們
之中，也有三位不是華裔的中國研究學者及一位社會學家；不但
因為他們各自在本行的功力均臻上乘，也因為這幾位學者對中國
人及中國文化關懷之深切，其實較之不少華裔學者，有過之而無
不及。我們計畫就中國知識分子的功能與作用，作兩次討論，第
一次先交換各人的看法，第二次則就第一次會議的意見，修正擴
大為正式的學術論文。本書即是第一次討論會上提出諸篇初稿的
中文譯本。第二次會議的成果則擬以英文出版，盼望能起拋磚引
玉之功。
　　本書諸章，大致以時代先後為序，而近代諸章逾半，則以史

事逼近者對我人不但影響較直接，而且感受較深切，卻並無厚今
薄古的偏見。本書各章既按時代排列，早期之現象及發展遂付缺
如。謹在此略述梗概，也藉以彰顯中國知識分子在各個時期的意
義及功能均有開展性的變化。同時，由各時代知識分子的心態與
行為觀察，則其中又似有若干承襲的特點，足以說明中國的知識
分子，仍有其一脈相承的譜系。

先說知識分子在早期功能之不斷擴大，為補本書各章之未包
括者。商代的受教育者，不外祝宗卜史，其教士祭師的特性，限
制了社會功能，也限制了思想的範疇。由於宗教的信仰是神聖的，
教士型的知識分子擔任的功能承先多於啟後，思想的方式保守多
於開拓。西周代興，殷商的知識分子有的服務新朝，有的失去了
優勢的社會地位。前者仍是教士型，後者則反而獲得了廣大的思
想空間。《周易》與《詩經》中深邃的思想，不像教士們的貢獻，
大約即是失落的知識分子在擺脫束縛後，反而開拓了新的思想空
間。這也許是中國知識分子精神領域擴大的第一步。

孔子開啟了中國文化的重大突破，將承襲過去貴族禮制的內
容，賦予全新而普世的意義。繼踵而至的諸子百家，不僅繼續開
拓新的思想主題及思維過程，而且在社會功能上也派衍為諸種不
同的角色，有橫議的游士，有參政的士大夫，有重語言文辭的文
人學士，也有隱逸的處士。

秦漢之世，又在戰國的諸型知識分子外，加上新的型態。其
中有太學的博士，他們主要的工作是傳誦經籍；有應察舉入仕的
文官，他們之中不乏真心想實現儒家理想的循吏；有馳騁於文字
的文學家，淵博而又鋪張。到了東漢，更增加闡釋經義的儒者，

及抗議朝政針砭現實的太學生、藏身於市朝山林的隱士。凡此諸型，已不是正史文苑、儒林、德行、隱逸、黨錮諸傳可以囊括。

在思想方面，儒家在漢代號為定於一尊，但是諸子之學逐漸融入儒家，陰陽五行浸入儒家思想體系，政治是儒表法裡，黃老之學，始而與儒家抗衡，終於與儒家互補而不相斥。同時，潛伏於民間的素樸宗教，也在漢代逐漸凝聚成長，蔚為未來的道教，也為外來的佛教，準備了可以生根的土壤。漢代知識界的演化，無論在功能與思想內容，又較之先秦更為多姿多彩，更為豐富。

東漢以下，中國又經歷重大轉變，不少地方士大夫以其大家族的組織力量，成為保障地方的中心。這一角色為古代封建崩潰後所未見，也奠定了後來士紳角色格局。士大夫，尤其北朝的大家族，也擔負起保存中國學術文化傳統的責任，使儒家的經學，在家族中延續不絕。這個任務，當然是承先與保守，多於啟後與創新。在文化急劇轉變的南北朝，釋道二家的知識分子，則開創引進新的觀念與思考方式。同時，儒生、道士、佛教僧侶，紛紛投身於各種嶄新主題的辯論，終於充實了也豐富了三家思想。而從此以後，三家思想體系中也都包含了另外兩家的成分。中古的知識分子群，不是繼續分化為更多的類型，而毋寧是功能轉化更為複雜。

唐宋時代，中國又一次形成普世性的政治秩序及文化秩序，知識分子的主流也又一次納入文官體系。但知識分子用進退藏，在朝為士大夫，在野為縉紳，這一雙重角色也從此成為中國社會的重要成分。唐宋經濟發展，城市興起，在印刷術普及之後，大城市中湧現一大批有草根性的基層知識分子，他們知書識字，是

主流精英文化的消費者，也是大眾文化的締造者與推廣者。有了這個人數龐大的基層，再加上科舉制度的逐級篩選，知識分子群遂呈現金字塔式的巨大結構，精英與群眾文化之間的分界不再是截斷的，而成為漸變的。

宋代以後，這一知識擴散的過程繼續進行，終於淡化了商賈與士大夫之間的界限。另一方面正統（儒家）與非正統（釋道、民間宗教）之間，也隨知識擴散與文化趨同，而逐漸界限淡化。唐宋以下的演變，大格局賡續於明清。明代後期知識分子獲得市井社會的支持，也未始不是與這一擴散過程相關。這一段經過，余英時先生的專文中，有深入的探討，此處不須贅述。

近代中國的知識分子，其成分與功能，均有重大的改變。變化之鉅，較之春秋戰國之間，猶有過之。最主要的現象，則是知識分子中的主流，逐漸由以文化為志業的通識之士，轉變為以追求知識為志業的學術人士，與以知識為工作資源的專業人士。一方面，近代中國知識分子由此可以擺脫政教不分的特性；另一方面，知識分子與社會大眾之間，又橫亙了一條深廣的鴻溝。於是，知識分子變得愈來愈重視自己的意願；而近代知識的泉源又大部分來自域外的文化與學術傳統。因為知識分子疏離於中國的社會（有些人也疏離於中國文化的根源），其行為及類型遂有第三世界知識邊緣人（intelligentsia）的特性。

同時，上述唐宋以至明清的擴散過程不再繼續發展，於是近代知識分子的人數也頓然減為總人口中極小的比例。固然有些近代知識分子有意識的為中國傳統文化擔負起承先啟後的責任，大部分知識分子的工作毋寧是引進外來思想，嘗試將新的課題揉入

原有的語言與符號系統，以求發展中國的近代文化與學術。他們的功能，傳承者（carrier）的成分，遠遜於開創者（innovator）。近代知識分子之中，當然又可細分為許多次級類型，但是，無論是激烈反對中國文化傳統，抑是力圖尋求新舊的調和，幾乎所有近代知識分子仍繼承了中國傳統知識分子的積極性；他們無視於自身實際上已疏離於社會大眾，仍以儒家淑世的精神，全心全意投入現實的世務，甚至捲入實際的政治。不少近代知識分子，更自覺或不自覺的，以為經由改造政治，始得整盤的改造文化。這種心態，可能來自過去士大夫政教不分的傳統。結果呢，在捲入現實政治的漩渦後，罕有能夠全身而退的個例。若干近代知識分子，也承襲了中國「全體治」的觀點，以為一切改變都必須從全盤更新著手。這一心態，遂使知識分子易於走極端，其貽禍之深，至文革而達到極點！——這些問題，在本書近代及當代諸章中，都有清楚的討論。

最近四五十年來，中國經歷鉅變。大陸上的知識分子，因為所在社會仍保留相當程度的傳統特性，以致他們掙扎的軌跡仍離「五四」型態不遠。相對的說，台灣與香港工業化、市場化與城市化的特性，知識分子也隨之而有專業的分工。這些知識分子，有些人甚至不以尋求知識為志業，卻致力於知識的應用，他們也未必再有淑世的抱負。也許不久之後，台灣的中國社會，將只有專業人士，而不再有以尋求知識為志業的知識分子，更不會再有以淑世為志業的中國知識分子了。在二十世紀的末葉，我們在歷史長程演變的過程中，駐足回顧，也許可以為這個古老的知識分子群，作一番譜系的檢索——更重要的事，為我們自己作一番反

省與檢討。

我們第一次會議時，正是《聯合報》創刊四十周年之慶；本書出版時，又適逢王惕吾先生八十榮慶。我們的會議是由聯合報文化基金會及世界日報基金會支持的。中國知識分子的意見過去可以發為輿論，而不能有傳播輿論的媒體。這四十年來，台灣及海外的華人社會，因為有了大眾傳播，書齋中的知識分子，遂能以其思索所得，迅速的傳布於公眾，彼此之間也可以有廣泛的交流與切磋。得傳播緣，現代知識分子遂有過去未易得到的幸運，經由大眾媒介，降低疏離的危機。以上種種，拜大眾傳播之賜，豈為淺鮮！大眾傳播的成長，對於知識分子的功能，及其群體成分，均有深遠的影響。我們的意見能夠結集成書，即是一個明證。為此，我們也備此篇什，向聯合報系及王惕吾先生，同申祝賀之忱。

　　　　　　　　　　　許倬雲序於1992年 5 月 4 日

目　次

知識分子—開創性、改造性及其衝擊

艾 森 希 塔
S.N. Eisenstadt

一

　　知識分子是時代偉大的改造者，含蓄點說，他們至少是具有改造潛力的人，他們所創發的觀念、藝術的傑作等往往成為激發改造的潛力。然而，是什麼樣的文化、什麼樣的氛圍，以及什麼樣社會制度的舞台，使得他們對自身既存的環境產生改造的衝激？

　　這個問題的答案頗為分殊，不同文化會有不同的答案。本文將特別針對那些偉大文明或所謂「軸心時期文明」來探討知識分子在其中的作用，這當中自然也包括了中國。

　　「軸心時期文明」（Axial Age Givilization）是借自卡爾·雅斯培（Karl Jaspers）的概念，意指那些基督時代以前就已存在的古文明，如古猶太帝國到基督時代的西方、古希臘、先秦時代的中國、印度的印度教與佛教文化，以及屬於這個時代末期的伊斯蘭文化等，時間上大致是西元前五百年至基督教時代之間。這些文化，不論是從整體或各別來看，均有一共通特徵，即很早就

※本文由呂紹理、劉子琦譯為中文。

發展出一套超越俗世與俗世之間具有緊張關係的概念。

這個超越俗世與俗世秩序存在緊張關係的基本概念,最早是在幾個小群知識分子之中萌發,這些知識分子一般而言是新的社會因素下產生的精英分子,而其中又以文化模式及社會秩序之載負者為然。不過這個基本概念,在各個軸心文化的早期,就已經透過一種制度性的安排,成為統治者及次要精英的主導取向,並且在各個主要與次要核心中具體化,從而轉變了政治精英的本質,使得原先具有自主性的知識分子在首要統治聯盟中成為相對自主的夥伴。透過這個制度化的過程,原先一盤散沙的知識分子團體遂轉變為更具體化、更制度化的形式,而在各軸心文明中,以神職者的身分出現,例如猶太教的先知、希臘時代的哲人、中國的儒士、印度婆羅門的僧侶、佛教的僧伽,以及伊斯蘭教的烏里瑪(Ulama①)等。此一制度化最重要的影響,是依據消解此一緊張關係的處方,發展出嘗試在意識形態與結構上重建俗世秩序的概念。由於既存的俗世世界往往被認定是乖謬而不完滿的,因而需要依據處方加以改造。用韋伯的觀念來說,是用一種救贖的前提來重建俗世世界。「救贖」這個字眼雖在基督教中有其特定意義,但在其他軸心文明中仍然可以找到相對應的概念。

做為重建過程的一環,如何重建政治與更高之超越俗世秩序之關係的概念,遂在所有的軸心文明中萌發。政治秩序做為俗世

---

①譯註:Ulama意指伊斯蘭教內博學之士,廣義指一切有學識的人,他們精通伊斯蘭教義理論與習俗;狹義則指經由回教國家正式任命的學者。

秩序之核心架構，在這些文明的秩序位階中，往往被放置在超越俗世秩序之下，而政治秩序之重組，也必須依循此一超越秩序之指導。在這層節制下，統治者被要求接受此一秩序位階，從而產生其在更高秩序之名的召喚下審斷俗世的可能性，而相反的，統治者也必須對此一更高秩序負責。

在此，統治者的本質也有了巨大的轉變，以往結合宇宙與俗世秩序之君神一體消失了，代之以向更高秩序負責的俗世統治者。在這個轉變下，統治者及社群均須向更高之權威（上帝、聖律等等）負責的觀念生成了，而召喚統治者審斷俗世的可能性也於焉出現。此一最具戲劇性的轉變，首先在古猶太的先知喻言中出現，而在東地中海北岸的希臘，則出現了一種不同的責任觀，一種統治者須向社群及其法律負責的責任觀。

然而，這種完成超越俗世之視野的意圖，總是被許多內在的緊張所撕裂。這些緊張，來自這些概念最根本的意識形態或符號的前提，來自於他們冀求在化解超越俗世與俗世秩序之緊張關係中，取得更為開闊的視野；也來自於他們知曉任何將這種視野制度化的努力，都是不完滿的。然而，正因為人類歷史中有這種緊張關係存在，促使人類開啟了一個全新的社會與文明的動力。對於這個緊張關係，我們在下文中會做更詳細的分析。

二

這些緊張關係的制度化經常改變政治精英之本質，並將政治精英轉換成主要統治聯盟與抗議運動中相對自主的夥伴。比起前

軸心文明巫術及祭禮活動中的各種儀式，此一制度化的過程完全改變了精英的特質。它將專業化的專家活動轉變成文化與社會秩序相對自主性的建構的組成要素，並將他們的載負者轉換成特殊的精英——知識分子與神職者。根據獨立自主的標準，他們得以晉用，取得合法地位，在這獨特的屬性下，他們組成一具自主性的團體。

知識分子與神職者也因此漸次獨立於其它精英和社會團體而自成一類，同時，這種區隔必然使得他們彼此間產生競爭，尤其是在符號之生產與傳佈的獨佔，以及溝通媒介的獨佔上競爭得更為激烈。

這樣的競爭變得很緊張，因為隨著超越觀念的制度化，在其它的精英結構中也發生了一種相對應的轉換，特別是那些與解決超越俗世與俗世之緊張關係有關的精英，不論是政治、軍事、教育，甚至是經濟上的精英，他們全都想要宣稱自己在文化與社會秩序之建構上具有自主性的地位。他們自視為不只履行特殊技術與功能活動而已，更且是文化與社會秩序模式之具有潛在自主性的載負者。

因此，非政治精英，各種知識分子或神職者常常將政治領域定義為一種關乎救贖過程的活動，並且自視其地位若不高於統治權威，至少也與之平行，而在文化上，他們也極為活躍，自認為是文化與社會之主要意識形態的載負者，因此他們往往覺得統治權威應該要向他們負責。非政治精英如此，政治精英亦然，他們經常自許為文化秩序模式的發言人，潛在上優於文化精英。因此我們可以看到，這些異質異源的精英團體，往往對文化或社會秩

序有不同的概念，因而在政治上、文化上或是教育上，發展出多樣的次級精英團體。

由於有這些型類殊異的精英團體存在，在這些文明中，遂產生了不同抗爭運動與政治衝突間，在結構上與意識形態聯結的可能性，而且更擴及至各種反叛中央的政治鬥爭與宗教或是知識異端間的聯結。這些聯結受到不同的次級精英間的影響──尤其是受到「次級的」政治精英與不同宗教、不同知識派別以及不同知識異端間的聯盟的影響。在這錯綜聯橫的關係下，這些性質殊異的各式聯結，對全局或對局部的結盟關係可能會產生更大的衝突。

三

也正由於在這樣的制度與文化架構中，逐漸發展出知識分子對文化秩序的矛盾態度。這對了解知識分子開創性活動所造成的潛在衝突是相當重要的。如此的衝突是由於知識分子本身的雙重角色所造成──一方面他們是不同科技與符號領域的專才，另一方面，則是社會秩序模式的代言人與傳道者。

這個分類只是便於分析的區分，它會因不同社會中的具體情況而變。這其中的差異，一方面指涉不同的知識分子與他們的各別組織間，是各種知識、文學或美學活動等不同符號領域內獨特的專才；另一方面，則是指稱那些關切社會文化前提的知識分子，他們將宇宙與文化秩序模式予以銜接，並且加以傳播、選用與符號化。在這兩種知識分子的範疇中，尤其是後者，更要仔細區別誰是以更自主的方式來行動；誰選用他們特殊的（符號、知識上

的）活動來做為自身的目的；誰把這種活動與社會及制度秩序的
建構與維持發生關聯；以及何種知識分子必然地和其他精英與團
體掛勾──不管他們是政治精英、團體的代言人等等。自然而然
地，第二類知識分子是更緊密地涉及權力的分工、宰制以及信賴
建立的過程，而這個過程是內含在社會秩序的建構之中。他們在
社會建構及其結構內，在不同符號領域與知識領域內等等相互關
係中，形成主要的聯結力量。

　　第二種知識分子的活動類型，則是將其重心放在建構其所屬
之文化社會與文明的前提上。

　　由於知識分子與文化建構的關係密切，因而在這些文明中，
產生兩種知識分子與不同精英間之緊張關係的類型──政治類型
以及知識分子與統治聯盟的類型。第一種緊張類型是指各類知識
分子與權力間的關係，關於這一主題，已有相當多的研究，他們
的焦點通常是集中於知識分子本身在專業化活動中的自主性的程度。

　　第二種類型的緊張關係是知識分子（尤其是社會秩序模式之
代言人）企圖將其特有的社會文化秩序之概念加諸於其他精英及
更廣泛的團體與階層；而這種企圖，一方會希冀運用其權力與影
響力，另一方則希望在不同領域中保持知識之專業與創造的最大
自主性，其矛盾與緊張可想而知。

四

　　在這樣的文明的基本制度性架構的背景下，知識分子自身及
其相互間各種創造性的活動，也許會造成廣泛的衝擊，這個衝擊

開始是在社會的文化矛盾與制度環境中產生，但是，這種衝擊在不同軸心文明裡卻產生出深遠的差異，而這個差異在基本的超越俗世的視野及制度自主性這兩個面向上表現得尤其明顯。限於篇幅，我將在此簡單地區分此世與彼世文明的不同，及其超越俗世的取向。

如果一個文明在宗教上具有強烈的超越俗世的普世性因子，那麼這個文明就有多種創發活動的可能性，而這種創發性則會站在一個較高的位置，對既有的制度架構產生衝擊。然而，如果既有政體與國家的構成要素中，宗教旨意的成分愈多，則知識分子團體與宗教團體之創發性活動被含攝於既存制度之基本架構的可能性也愈大。

相反的，如果彼世取向愈強，則知識分子與宗教精英自主與創發的程度就愈小，這點在政治領域中尤然；然而當彼世取向強調介入現世的特殊意識形態滋長時，知識分子團體對其所身處的政治制度的衝擊就會因此而生。

同理，宗教制度在組織化的自主程度如何，會大大影響宗教參與政治鬥爭核心的程度，從而改變其在文化與制度舞台上的影響力。也就是說，他們在組織上的獨特性愈小，則其能參與政治鬥爭核心的能力也愈小。換言之，宗教組織與國家制度的同一性愈高，彼此走得愈近，則它的政治參與將被侷限於既存之正當性政治活動的格局。反之，宗教若與政治保持一定的距離，則其在政治活動的發展性就較大，而能超越既存的制度架構。

如果能從上述的討論角度來看中國知識分子在文化與制度層面的衝擊，或許是一件饒富意趣之事。

五

　　在帝制中國，由於知識分子具有強烈的現世取向，文化與政治精英也因而顯示了一些特質。在這些知識分子中，最重要而且最具特色的，自然是儒士文人與官僚組織。這些儒士，一方面是前述儒家世界秩序的載負者，由於他們具有強烈的現世取向，因而他們與其關係密切的政治核心和各階層之間，具有一種相當象徵性的相對自主性。他們的甄選、晉用、取得政治正當性的位置，以及組織化的過程等，均與儒家治世的律則，或由其中推衍出的信條有直接的關係。而知識分子在統治體系裡，並非只是做為社會各階層與統治者的媒介，而且在基本上也非皇帝所能控制，雖然實際上可能並非如此。

　　這些文人並非只是舞文弄墨，僅履行其知識的功能而已，文人階層實際上構成了官僚體系人員甄補的來源，他們與皇帝家臣，或地方閥閱等形成統治聯盟，從而幾乎完全排除了其他社會團體參與的機會。在這點上，他們至少在實際上壟斷了通往統治核心的機會。

　　中國文人的組織結構由於深受現世取向的影響，而與同時期歐洲、拜占庭或回教的精英組織不同。中國文士組織同時具備了宗教文化及行政―政治的功能，在文人群中，文化精英與政治精英不論是組織上，乃至象徵上，只有小異而無大別。由於百分之十至二十的文人會被吸納到官僚體制裡，而且除了少數幾個書院外，他們缺乏自己的組織，因而他們的組織架構幾乎等於國家的

官僚體系。職是之故，中國文士並未在政治─行政與宗教組織中產生分殊的組織階層。

另一方面，在這種政─教─文化關係緊密的組織裡，在行政上（或在文化上亦然）愈是接近權力核心，則用以反抗皇帝的自主的權力基礎與資源就愈少。只有教育制度這個領域發展出一些自主的制度架構。儘管如此，當教育愈趨專精時，教育的具體活動，往往是朝著政治─行政的制度設計而行，而與之混雜在一起，因而使得他們與邊緣的次級精英的活動隔離了。

由於這些原因，中國知識分子對文化與社會結構的衝擊產生了一些異於其他軸心文明的特色。首先，他們各式各樣的創發性活動衝擊了一般性的文化，而且在相當高的程度上持續的形塑了中國文化。其次，他們對於中國社會制度架構的建立，也產生了極為深遠的影響。然而，他們所帶來的衝擊之所以有效，主要而且可能是唯一的原因是，他們成為統治聯盟的一員，甚至是親密的夥伴。可是這樣的角色也往往喪失了大部分的權力基礎，也喪失了從既存制度性結構中改造的任何機會，在這種情形下，核心與邊陲這兩種知識分子團體間的緊張關係，及知識分子對於社會制度模稜兩可的態度等，在許多方面就變得非常明顯。

對於這個問題，本文所陳述的觀點，或許有助於進一步揭開知識分子在近現代變遷的中國裡所產生之衝擊的本質。

中國知識分子的角色與地位

狄 百 瑞
William T. de Bary

　　1989年5月到6月間，中國北京天安門廣場前發生大規模的學生示威運動，而這場示威運動或許是在中國近代史上最駭人聽聞的一幕，使得中國知識分子所扮演的角色與其所佔的地位有著戲劇性的轉變。最初，這場學運只是以北京幾所大學為主體，隨著運動的南下北上，東來西走，以及中共官方直接點名影射異議分子方勵之與這場學運有密切的關聯，使這場學運獲得人民相當程度的支持。不過，在中共政權之下沒有可資信賴的方法來作民意調查，這是具體存在的事實，單就媒體報導來看，北京人民對這場學運寄予許多同情，其他各縣市似乎也有類似的反應。

　　但是在中共採取鎮壓手段之後，只有少數幾個人膽敢公開批評政府。我在10月中旬抵達北京，一些在這次帶動學運的學校任教的教授告訴我，校園裡仍然充塞著支持學運的主張。不過，他們還是得承認，整個情形就誠如報紙上說的：「這次學運並未獲得大多數民眾的支持，政府以及政府的政策並未受到挑戰。基本上，首都各項秩序業已恢復正常，全國局勢也逐漸趨於平穩，人民對這次學運除了有流血、反革命暴徒被逮捕的記憶之外，大局

※本文由郭瑋瑋譯為中文，經作者過目。

很快就恢復常軌。」姑且不談這段報導的弦外之音，這些教授學人最關心的就是既然大局已恢復「常軌」，那麼校際間的學術交流活動也應該一如往常賡續進行，學術自由化的遠景也才能逐步達成。

而在這場學運中，知識分子是居於何種地位？扮演什麼角色？有的人或許認為這場學運只是一段小插曲而已，可是正當全世界的新聞媒體與鏡頭焦點都已對準俄共中央總書記戈巴契夫（M. Gorbachev）訪問北京之際，北京學生的示威活動以及爾後中共當局對學運採取的鎮壓手段，卻成為舉世注目的焦點，一躍而成頭條大新聞。《紐約時報》（*The New York Times*）上幾位犬儒派的時事評論員指出這些學生是叛亂分子，不守本分，不知感恩，想藉著街頭示威，以暴力打倒政府，進行奪權。

「不守本分」這句話很值得我們推敲。在政治方面，這些教授、學生的本分是什麼？應該佔有何種地位？有什麼場地可以提供他們發表高見？他們有沒有從事政治辯論、批評政府施政的空間？像中共這樣一黨專政的國家是絕對無法容許異議聲音存在的，在這種情形之下，民意是不是存在有效的溝通管道？是否有其他方式可以取代街頭示威運動？有些批評者把這批學生稱為蠻橫的暴徒，認為他們這次行動實在太過火了。對於批評者的這番話，我建議他們應該先唸一遍毛澤東在1927年所發表的湖南公報，然後再捫心自問，如果依照毛澤東的標準，這些學生的所作所為是不是真的太過火了？這些學生在毫無組織經驗（實際上也是沒有機會）的前提下，應運而生的謀略與態度堅決的團隊精神，這種表現算得上差嗎？

　　就歷史眼光看來，這次學運是有先例可循的——也就是中國年輕一代熟知的五四運動，在二十世紀中國的革命行動中，五四運動的歷史及其所象徵的意義一再地被歌頌，每年都舉行紀念慶祝活動，就連中共也視五四為新中國歷史的起點，五四之前的歷史都被刻意地抹殺了。五四運動所標榜的政治理念大多擷取自法國大革命，當模倣自由女神像的民主女神樹立在天安門廣場時，就立刻成為此次學運的象徵，這也是無須驚訝的意料中事。參加這次學運的學生是浸淫在革命理論、毛語錄的環境下成長，綜觀他們在這場學運裡的表現，豈不是一種更具體、更具革命性的體現？

　　眾所周知，二十世紀裡中國自發性的革命經驗與直接行動，就像由毛澤東所發起的土法鍊鋼一樣，並沒有帶給中國多大的成就。在這場學運中，手無寸鐵的學生了解自己無力去對付逐步逼近的坦克車，因為他們面對的已不復是昔日積弱不振的滿清帝國，而是一個靠槍桿子出政權的政府。即使有人決心成為「不自由毋寧死」的殉難者，但是光憑這股熱情卻無法扭轉乾坤，學生無法像印度聖雄甘地一樣，透過政治組織與經驗的運作來號召群眾，團結力量，以非暴力的不合作運動迫使英軍讓步。

　　中國學人缺乏抗爭的本錢與手腕，而中共和其他東歐共產國家相同，在一黨專政的情形下，沒有人能和這個槍桿子出政權的政府對抗。反觀甘地所倡導的不合作運動，在大英帝國殖民印度期間，教育印度人民，使印度人民學習到如何透過組織運作利用媒體（特別是報章雜誌）來表達訴求，並且從宗教和民族主義中找到支持抗爭的泉源。

　　在天安門廣場前聚集的學生一再表明，此次示威運動是為「祖

國」的民主自由與國家的繁榮富強而發起的，他們絕對尊重法律，絕不亂搞非法組織。但是這批學生既無教會可當避難所（如在波蘭、東德的教堂），也無法從傳統中找出抗爭的旗幟，更無從激發群眾的力量引以為奧援；他們所擁有的只是一尊從西方移植過來的石膏塑像，而且這尊短命的民主女神像在天安門廣場只聳立了四天半，就被中共戒嚴部隊給摧毀無遺了。

就中共的立場而言，學生追求民主自由的運動壓根兒就是洋玩意兒，不合於中國傳統。中國共產黨向來具有排外情結，這次中共替傳統講話，斥責學生受到西方墮落的自由思想的影響，這是因為事關體面，目的即是在於為過去武裝奪權的事實找到革命與解放的合理化藉口。而中共捍衛中國傳統的方法竟然是借助於坦克車，實行血腥的鎮壓，這又是多麼尖銳的諷刺！相信這次被鎮壓的「反革命暴亂分子」一定會有很深的無力感與挫折感，中共專制獨裁的政權仍將統治十億人口，而承襲五四運動的求新求變改革希望，只在1989年5月間曇花一現就被隆隆的槍砲聲所淹沒了。

在我1989年10月的北京之行途中，我曾聽到一些傳聞，據說此次策劃學運的學生對中國史都有著相當程度的素養，也都熟知漢代和宋代的太學生運動，他們不僅自視為西方民主自由的擁護者，更以承繼中國太學生諍諫傳統的薪傳者自居。不過，我可不敢說究竟有多少知識分子擁有這份自覺？許多西方和日本的學者為了抗議中共的鎮壓學運，因而拒絕出席中共所舉辦的慶祝孔子誕辰的學術研討會。但是我選擇了不同的抗議方式，我不但出席這項會議，並且發表一篇有關儒家講學傳統的文章，對於這篇文

章的內容，許多與會的東歐共產國家學者都與我心有戚戚焉。一位清華大學的教授聽到我出席這次會議，甚至還跑到北京飯店會議會場來找我，力邀我到清華大學作同樣的演說，他說：「在清華，大夥兒一定贊同您老的觀點。」

像上述這種個人經驗只不過是發生在旅途中的一則軼事，對大局而言是微不足道，而類似事件更不會像講學那樣引起學術圈的側目，畢竟在毛澤東和鄧小平統治下的中國只允許極少數的人從事這方面歷史的研究，我想把這些情形總結為四點：

一、誠如儒家學者所再三強調的，講學制度以及該制度所蘊含的哲理的確是儒家的重要傳統之一，這在拙作裡也有所提及。我更確信，講學的傳統絕對不是一時興起之作，或者是儒生對於儒家思想偶發的議論；關於這點，我相信在儒家以及宋明理學家的著作中能找出許多的證據證明我所言非虛。目前學界對思想史存有某種偏見與誤解，但是當我們搜羅剔抉有關講學制度的史料時，絕對不能受到這些誤謬之見的干擾，或因而感到氣餒。長久以來，西方和中國各自為了許多不同的理由嚴禁學者研究這個議題，大多數的學者也對它採敬而遠之、避之惟恐不及的態度，但是我們必須認知到一點，那就是，要了解現代中國知識分子的命運，就必須對這個問題作更深入的探討。

二、當然我們也不得不承認講學本身的限制，以及其對社會大眾有限的影響力。對於這個問題的研究，在目前為數不多的典籍著作中也無法歸納出結論，不過就我個人粗淺的觀察，講學提供了儒家學者討論公眾事務的空間，書院即為其講學的場地，是一種中庸的社會事業機構。對於一個以士為領導階層的社會而言，

這種師生之間的問辯討論的教育方式是很值得我們深入探討的。由於遍設於鄰里鄉黨的書院時興時輟，再加上政府以興黨獄方式有意地鎮壓，使得書院屢遭焚毀，也造成知識分子無從對公眾群利事務發揮其良心。而在中國是否還有其他的組織具備了類似的功能，這點在拙作《儒學的困境》（*The Trouble with Confucianism*）一書中會有所剖析。

三、或許有些學者認為儒家的政治批評沒有什麼價值，對國家而言，儒只不過是歌舞昇平之餘所豢養的一批幫閒清客，而標舉著理想主義的儒以文亂法，常常引起主政者的不快，有如芒刺在背，雖然儒生勇於對國家施政提出諍言，但究其實情就是想嘗嘗權力的滋味。也有人認為儒家的價值觀在中國的行政組織系統裡畢竟佔有一席之地，這是無庸諱言的。不論如何，有一點是無須多費唇舌的，也就是晚近中國扮演重要政治角色的是儒生，以「為生民立命」為天職的也是儒生。

我並不是指道教徒、佛教徒對政治沒興趣，只不過他們投注在宗教上的心力遠超他們對政治的關注，所以他們並沒有像儒生一樣，不斷地提出有系統的政治哲學主張。道教徒、佛教徒無意於仕宦，可能只有在朝廷的禮儀與音樂方面才能看到他們的貢獻，既然他們對俗世採取無為的態度，我們還能奢望些什麼呢？

（附帶一提，雖然有時佛道中人對皇帝、皇族王室具有影響力，但就大部分的情形而言，他們不是無法觸及權力的核心，就是毫不過問有關政治之事，因為他們根本無意出任公職。）

一般在提及知識分子時，佛道之徒並不包括在這個名詞所指的範疇，因為他們不汲汲於功名，對於政治事務更是不屑一顧。

雖然中國也出現過不少法家型的政治人物，但是法家在中國政壇上的壽命並不長，而且儒家思想中也吸收同化某部分的法家思想，所以在中國政壇上只剩儒家獨領風騷。

基於官僚體制對於文官的依賴，中國政府與儒生之間逐步發展出一種共生的關係，儒生如果想要踏入仕途成為文官就必須熟於文牘，究天人之際通古今之變，並且有仁民愛物的胸懷。我個人認為要形容中國政府與儒生之間微妙的關係，唯有採用「共生」這個生物學上的名詞是最為貼切的，只有這兩個字才能說明兩者之間互相合作、共存共榮的關係，除了在朝為良官的自許之外，儒生也有其超越個人利害的理想與熱情，這點便是儒生提出獨立批判的基石。

依照許倬雲教授的說法，儒家的學說是以家學私傳為主，這點可能是真的，不過，就我個人對早期儒家經典的認識，儒生受到學校的影響遠甚於家族給他們的影響。在很多情形之下，家學不易成為問辯論學的中心，所以發展與延續知識的場地也就轉移給各地的學校庠序了。

或許以下兩個例子有助於讀者諸君了解我的看法，秦朝宰相李斯曾向始皇提到焚書的必要：

> 今陛下并有天下，別黑白定於一尊，而私學乃相與非法教之制，聞令下，即各以其私學議之，入則心非，出則巷議，非主以為名，異趣以為高，率群下以造謗。（《史記》卷八十七〈李斯列傳〉）

李斯口中所稱的私學是專指那批亂發異論批評朝政的知識分

子。雖然太史公認為私學仍然代表多元的封建秩序，但是他並未提到私學的社會地位或是組織架構。

漢昭帝時代著名的財經大辯論——《鹽鐵論》（宣帝時由桓寬輯成）一書中，代表儒家的賢良、文學又以批評者自居，在具有法家性格的桑弘羊眼裡看來，這批人不是冬烘之徒便是不切實際的理想主義者。在《鹽鐵論》中，賢良文學認為國家的物產資源應普遍分潤於民，不應由政府寡佔獨家經營；但是桑弘羊卻主張唯有政府經營國營，才能斷絕大資本家壟斷社會財富。

在桑弘羊的眼中，儒生並不是社會既得利益階層或者豪門的代表，而是嫻於辭令、口角鋒利但卻昧於實際的文人。

> 今賢良、學臻者六十餘人，懷六藝之術，聘意極論，宜若開光發蒙，信往而乖於今，道古而不合於世務，意者不足以知士也？將多飾文誣能以亂實邪？（《鹽鐵論》第十）

桑弘羊還語帶譏誚地指出：

> 今舉亡而為有，虛而為盈，布衣穿履，深念徐行，若有遺亡，非立功名之士，而亦未免於世俗也。（《鹽鐵論》第十九）

在李斯、桑弘羊的眼裡，儒都是一批死腦筋、不知變通、不切實際、活在過去的理想派人士，撇開他們在經濟上、社會上的地位不談，可以把儒定義為：具有宗教狂熱般的使命感，以捍衛傳統文化為己任，即使犧牲個人性命也在所不惜，自視（也被視）為文化菁英，而非社會既得利益階級的代言人。就這一點看來，

中國的儒和天安門廣場前高唱改革的青年學子倒是有些許類似之處。

在許多的研究報告中，已經有愈來愈多的學者將儒稱為士大夫，士大夫與經濟、政治層面均佔有一席之地的世家大族都有著某種程度的關聯。不過，士大夫與西方資本社會裡的中產階級不盡相同，因為士大夫與政府有著頗為奧妙複雜的關係，許多士大夫在朝為官，也有不少士大夫是在野為民。在明代末葉屢次發生的民變，城鄉居民指控當地的士大夫就是最大的壓迫者，他們是因為不堪剝削才起而抗命，請政府查辦這些地主富室，防止他們侵凌百姓。明代末葉也不乏有識之士，發揮其政治良心直陳政府需索無度因而引起民怨；可是有時這些士大夫又搖身一變，成為維繫法統的中堅。

儒是介於政府與平民間的中間階級，但卻與西方社會的中產階級大有不同，雖然儒也具有雙重性格（即有時支持政府，有時反對政府）。西方的中產階級是位於政府與社會之間的一個次層結構，成為西方庶民社會的一大特徵。中國缺乏一個強而有力、自外於官僚體制外的結構，能為公共領域提供有效的服務，而且一些地方性的民變也無法獲得全國民眾的共鳴，在十六世紀末與十七世紀初，社會的流動性更使得「政治命運共同體」這個觀念無法形成。

這些因素都可用來判斷傳統中國是否具有發展公共領域的潛能。問題是下層百姓是否能團結合作，並且匯聚成一股有效的壓力向政府施壓，或者在政府決策過程中提出對策？像這種起於地方性的活動有時是相當具有建設性的，甚至還能顛覆一個朝代。在現代民族國家制定長期的政策時，巷議街談與提筆為文是兩種

截然不同的溝通管道，就像天安門事件，群眾的同情和群眾的具體支持是兩碼子事。

或許問題不是出在中國缺乏這種次層結構，而是在於中國存有某種次層結構，只不過它的體質不佳。今天的問題仍然膠著在知識分子（指學者官員及受過教育的領導階層）本身，他們之所以無法在公共領域上有所貢獻，最主要的原因是中國缺乏一個能夠確保言論自由的強而有力的制度。

四、最後，我要提一下這次我參加的會議，大會主席谷牧致詞時提到：

> 中國是具有悠久歷史與光輝文化的古國，在人類歷史上，以儒家思想為主流的中國文化燦爛輝煌………
>
> 文化不僅代表一個國家文明的程度，同時也主導了國家的政治與經濟，為了替人類開太平，我們必須正視傳統文化，以不卑不亢的態度面對傳統，去其糟粕，存其精華。中國人民致力於將中國建設成為一個富強康樂的社會主義國家，為了達成此目標，我們必須發展出民族、愛國、科學、民主的新文化，因此我們在繼承傳統文化的同時也應賦予傳統文化新的生命，並與世界文化交流融合出獨具特色的中國文化。
>
> 當我們面對傳統文化與外來文化時，仍應以傳統文化為中堅。
>
> 在中國傳統文化中，「和」是一個很重要的觀念，早在三千年前西周時代，古聖先賢便提出「和為貴」這個觀念，孔子及其弟子也據此而發展出人與人、與萬物、與

自然間所以保持的關係與態度。這些觀念對古代中國社
會有著正面的貢獻，對於今人也有著深遠的影響。

大會主席這番話再度強調了中國文化的價值，而西方墮落的
自由主義是一種精神汙染，必須為天安門事件負起全責。

從嚴格的毛學觀點來看，把自由主義視為外國病毒，在天安
門前高聲疾呼求新求變的知識分子是中了這種毒才會進行反革命
的暴動，這種說法實在了無新意。在早期共產革命的修正路線鬥
爭中，毛澤東本人就曾鼓勵中堅黨員砲轟自由主義。不過今日與
文革初期所不同的是，儒家思想從昔日階下囚，一躍而成今日座
上客。文革初期，無產階級革命的對象是墮落的資產階級自由化
思想與打倒孔家店，而今卻以儒家思想作為抗拒腐敗的西方思想
的中流砥柱，以儒家思想取代了昔日的馬克思主義革命情操。同
時，西方自由主義論者那套生態學和環境平衡的主張也被移花接
木成儒家思想的一部分，殊不知長期以來，共產黨員常視之為帝
國主義否定未開發國家不配享有工業化的藉口。

當然這種情形並不意味著儒家思想已取代馬列主義，而成為
中國共產黨一黨專政的意識形態，因為截至目前為止，鄧小平仍
然一再呼籲對共產主義的再肯定，但是當前現代化的競爭中，經
濟、文化上的實用主義觀點正一步一步地腐蝕共產主義教條式的
正統論。雖然共產黨能驅使人民喊口號，但是卻無法藉這個形式
取得人民的心悅誠服。

過去的共產世界（包括馬克思、恩格斯、列寧和史達林的祖
國——蘇聯在內）都曾抗拒過共產主義，所以北京的實務派領導

人勢將依賴中國傳統中保守的一面來維繫現狀。再者，如果這個趨勢會導致東亞地區其他保守勢力的抬頭，而中共也不會自恃為真正共產主義信仰的最後堡壘，擁抱中國傳統反而會更為有利。中國將從失敗的孤立主義中退卻，改披上儒家傳統，以作為新東亞共同市場的聯繫。

　　如果這個方向確實是北京當局今後的長期施政走向，它將對中國知識分子又形成一個問題，北京當局勢必吸收一些讀書人到政府機構，或者是徵召一批學人為政府服務（例如國家科學院），他們如何在政府的決策過程中提出必要性的批評？或者在政府行政體系中保持一個誠實自信的平衡點？如果制度化的來源即政府本身，他們是不是還會對政府施政提出批評？如果有人提出類似次層結構的建議，就很可能會形成一種類似多黨制度的體系，這在中國是史無前例的，而這樣的一個次層結構是否能提供保護性的角色？會提供出版和學術思想的交流嗎？回顧中國的歷史並沒有像西方一樣產生所謂的中產階級，如果這種情形一直持續下去，中國現代的知識分子就會像儒一樣肩負更重大的責任。

　　最後，如果上述所假設的政治自由化能在中國發生，雖然過程是很緩慢的，（在思考天安門事件時，我們應就這個面向加以考慮，而不應視之為全體人民自發的社會運動。）究竟中國在什麼時候才會發生大規模的民主化運動？

中國政治思想的深層結構

史 華 慈
Benjamin I. Schwartz

在中國歷史中，有一思想特質似乎貫串它的發展，我們或許可以稱之為「典範」，但我更願稱之為「深層結構」。我並不意味著它是儒家所特有的，而應該說是先秦許多思想家（像墨家、法家、道家等）所共有的特質。為什麼我會對此感到興趣呢？因為有一個惱人的問題總是不斷出現：為什麼中國歷史上始終不曾出現過一個與此深層結構相異的替代品（alternative）？

我所指的這個「深層結構」包括兩方面：第一是在社會的最頂點，有一個「神聖的位置」（sacred space），那些控制這個位置的人，具有超越性力量，足以改變社會。從這個角度說，位置本身比是誰佔據那個位置更為重要。但是反過來說，在那高點有一特殊機關，由某一特定人物所代表（通常是王權）。因為結構本身並無動力足以改變自己，故必須仰仗這個佔據最高神聖位置的君王的個人品質來改變整個社會結構。如果上述兩面能密相結合，也就是所謂「政教合一」。而這樣一個理想結構對社會的每一個方面都有管轄權（jurisdiction）。有意思的是，十八世紀的歐洲也開始流行起類似觀念。英國輝格黨政治家相信一般人都為

※本文由王汎森整理成中文。

社會的系統所影響，但是有一個超越於社會之外的代議團體可以達到轉變社會的功能。當然，這類思想曾被馬克思強烈批評過，馬克思問：到底是誰來教育這些教育家們？

先秦法家也分享這個政治深層結構的某些特質，但朝向不同的方向發展，那就是不以道德轉化作為轉變社會的基礎。至少在法家初始階段不具有在社會之外創造一個機構從外來計畫控制社會的想法。它有點像十九世紀的全盤社會決定論。

在中國政治思想的深層結構中，在上位的人君個人的品質雖然重要，可是那個客觀的結構似乎更重要。慎到說聖人不在其位時，可能只是一條蟲；可是一旦他佔據那個神聖的位置，他便是化行天下的龍了。儒家也有類似的想法。故問題是為什麼千百年來受苦於這個權力毫無限制的結構的儒生，不曾好好思考過要向這個舊結構挑戰，或試圖限制它的力量，或是提出另一種替代品？

孔子在《論語・鄉黨篇》中說，當手持代表官方象徵的圭板時，即使他心想在上位的人君極其平庸不堪，但仍然得戰戰兢兢。因為他不想破壞那個神聖位置——那轉變這個社會的唯一希望。

在中國古代思想中，我們亦可發現不直接挑戰此一深層結構，但試圖繞過它的例子。譬如《莊子》內篇，便顯然不相信人們可能透過這樣一個結構去根本改變社會。但莊子並未挑戰它，而是試著將它化為微不足道（trivialized），使它「非中心化」。

中國通俗宗教中，也有不接受此結構的例子。當然，有些學者強調，通俗宗教中吸納了非常多正統文化的成分，譬如道教宇宙觀的官僚系統化傾向；又譬如佛教地獄觀的官僚結構其實是人世結構的反映，而決不是印度原來的想法。即使連太平天國的組

織也反映了同一結構。不過從另一方面說，我們也看到許多通俗宗教中，試著繞過（bypass）這個深層結構。所以在通俗文化中，我們可以同時看到兩種不同傾向。

但是，我們不禁要問，為何中國未曾發展出別的結構來？也許有些人要覺得這個問題微不足道，或是認為這決不是一個思想上的問題，而只是反映社會政治的特質而已。我個人常為這類解釋感到不安。我並不是說物質或地理上的因素無關緊要，但是即使是魏復古（Karl Wittfogel）也不認為所謂「東方專制」的最終原因是社會政治因素。我個人常想問，如果社會系統是最後之因，那麼什麼是這個社會系統的因？

到目前為止，我對這個問題仍無滿意的解答。但是可以試想，這一世界觀本身擁有相當大的力量，而且即使它只是被士人當作「烏托邦」，它也還是擁有巨大力量。中國歷史上大部分士人似乎並不太相信烏托邦理想可能立即在現世實現。從人君的品質來說，我不知道除了明太祖、乾隆或許相信自己已達「內聖」外，在中國歷史上到底有多少皇帝真正相信自己是「內聖」？從官僚體制來說，古往今來許多儒者多相信，三代以下的官僚體系中，多是一些無能或腐化之輩。足見傳統儒者對「政」（官僚系統）、「教」（聖君）是否能結合在一起，並沒有那樣大的信心。事實上孔子已感覺到「時」的重要。借助於這個神秘性的「時」的因素，才能將「政」與「教」結合在一起。在西方，柏拉圖也曾設計過「哲學家皇帝」，想將最優秀的人放在權力的頂端，可是他到晚年也放棄了這個想法。也許有人會說，考試制度是中國士人心目中選拔好人才以實現這個理想的途徑。但我們不能忘記，歷

史上許多大儒是反對考試制度的。由上可見，士人對這個「政教合一」的可行性並不總是那樣樂觀。王充、章學誠即可為例。王充就一再強調，如果真有仁君在位，那是「時」，而不是其他了不起的設計。

　　問題就在於，傳統士人既能如此清醒地認知這個烏托邦之局限性，但可以仍舊依附盤旋於其中？我想，也許是因為傳統士人慣於把這個深層結構的替代面想成就是「亂」，故不敢去改變它。像司馬光，我相信他決不承認唐代是可以接續道統的，但是唐代至少可以維持穩定秩序，那樣，總比「亂」要好。所以，能不能守住社會秩序似乎佔著最優勢的位置，正因為怕「亂」，所以不敢質疑或挑戰這個深層結構。

　　以上是我目前為止初步的看法，我希望它是個值得探討的問題。

中古早期的中國知識分子

許倬雲

在漢代晚期，儒教已經具體地成為正統，而當時的儒家學者則已然獨佔進入帝國官僚體制的遞補管道。儘管大多數的儒家學者在社會或政治的優勢範圍中仍然只是知識菁英，某些高級菁英實質上已形成貴族。

各種不同的緊張正伴隨著這樣的一個現象而生。首先，最有影響力的學者／官僚儒生家族形成了一組掌權者的網絡，他們在政府中累世高位，在某些情況下並藉掌握大筆地產而建立起家族財富。這些強大的家族，以其社會力（social power）基礎，對理論上不容挑戰的皇室權威形成威脅。尤其反諷的是，許多太學學生及其友朋形成了一個意見領袖群，他們評估現實政治，違背儒家對理想政府的標準，由此而批評皇帝及政府的行止。皇帝與知識分子間的緊張在二世紀時終於爆發，並成為知識分子與皇帝之間的縣長衝突。後者利用太監與近臣施展其權威，整肅了那些直言無隱的學者與太學學生。

其次，在既成體制——那些身處社會高層的知識分子——與那些比較年輕或地位較為低下的知識分子之間，也存在著緊張。

※本文由潘光哲譯為中文，經作者過目。

後者之中，某些人選擇了遠離政治和社會中心。對儒家經典的新
詮釋，則由這些身處外圍地區的學者營構出來，像是住在荊州的
學者群即如此為之。其中的某些人甚至提出了嚴肅的懷疑論，反
抗正統的基本前提。王充即是著作能幸運地留存下來的這種挑戰
者之一。

第三，一般百姓則已不能滿意以頗為繁瑣的儒家正統做為慰
藉日常生活之絕望和苦難的工具，他們從其他的信仰找尋安慰與
救贖。古老而已蟄伏數世紀之久的民間信仰，乃漸漸地再度復興
形成對未來憧憬（millennium）的崇拜，太平道最後成為道教。
而佛教亦於同時傳入中國，而也可能首先在下層社會的俗人之間
傳播開來。就在這樣的情況下，漢帝國走到了終點，中國則分裂
為相互競爭的三國。由此，中國在中古早期之際也就進入了緜長
的分裂時期。

力量強大的士大夫世族，亦即儒家知識分子世族漸漸地奪取
了朝廷的領導權。在中古時期，社會比國家（the state）更為強
大而且更為長久，後者通常傳祚短暫，此可歸因於內爭，與進入
中國之各種族團體間的不斷鬥爭。

為了抵抗北方的入侵者，某些著名的世家大族亦開始組織鄉
里親族，建立起防禦性的塢堡，在外族入侵的混亂中安然存活了
下來。在這種家族的領導下，群眾或流民遠離戰禍地區，而向南
方移民。不論南北，由某一王室到另一王室的政權易手極速。在
北方，那些大家族每因維持其所在區域之秩序，而使穩定性能再
度建立起來。在南方，〔東晉、宋、齊、梁、陳〕五個朝代相繼

而興，而且通常是由篡奪王位的某一位強人建立起來。其結果則為，統治家族因這般迅速的轉手而不能宣稱其正當性（legitimacy）。國家與社會連續性（continuity）則主要是由處於朝中延續了政府之功能的強大家族所維持。因此，在大約三個世紀之中，不論是全國或是地方，中國實際上是由世家大族（lineages）私有化公共權力（the privatization of public power）而得以不墜。

回溯起來，像這樣的世家大族，多數係源於漢代的儒家知識分子。在內戰與外來入侵者造成的混亂狀態下，原先一般是受國家支持的高等教育，則由此而由獨立的知識分子在他們自己的家族中延續。許多家族，或是某一大家族中的某個支系，認真地踐履著教育功能而成了世族，儒教的意識形態從而普遍流傳，並代代相傳下去。所以，儒教的傳佈同保存的作用能貫穿整個中古初期的中國，乃是這些世族的貢獻。儘管如此，由於缺乏學院形式的明顯中心，對經典的解釋即有其自由度。例如，漢族的儒生即援引儒家經典來協助拓跋魏的統治王室，設計出一種結合古老的鮮卑部落聯盟與理想化的中國政府結構（周禮）的政府形式。當然，像這樣的新發明，需要對傳統做出大量的再解釋。尤其是在北方的大家族中，經典注疏的學術傳統則繼續著，日後唐代的學者遂能對各部經典纂集成包羅廣泛的注疏。同時，對儒學經典做出新解釋通常也是關於道教徒同佛教徒之挑戰的回應。南方知識分子中的某些世家，則似乎已脫離儒家的背景並且進行著非傳統的探求，像是南方的王氏就對道教崇拜的教義極感興趣。

假如知識分子未曾進行形而上學與宗教的討論，道教與佛教二者可能就不會發展得如此迅速。透過這樣的論辯，中國知識分子使僧侶同道士認識了原先已在儒教及古典道教中發展出來的精煉語彙。就在同時，也因為接受了印度傳來的佛教，和中國本土信仰（道教）概念及術語，他們自己的思想亦受影響。這般思想遭遇的最終成果即是佛教的中國化，古老的儒教的豐富化，以及水平提升的道教。

就在佛教與道教已然建立起來之後，亦產生其自身教內的知識分子。佛教的僧侶與道教的教士，其思想論述的精義（intellectual articulations）能夠使信徒接受並奉為指導原則，也成為與儒家相抗衡的非儒家知識分子。宗教體制亦常常扮演社群領袖（community leadership）的角色。因此在中古早期的中國，知識圈已與古代中國的情勢大不相同，因為儒教在這些非正統的新式知識分子出現之後已不能壟斷了。自此之後，中國人一直就能有其他的意識形態來做自由的選擇。

知識分子探究的新領域亦有所發展。在文化史上許多有價值的貢獻都是這個時期的知識分子完成的。最堪注意者可以由天文術數、丹鼎，至物理學和工程學。而在文學方面的貢獻中，語言學，尤其是反切系統，亦在中國史上首度出現。新形式的散文與新體裁的韻文（詩），使中國文學多采多姿，形式自由。假如中國人的思想生活仍保持在一種正統的禁錮之中，這一切的成就實難以達成。

中古早期的中國知識分子絕非一個同質的團體。在前文中已

指出，宗教性的知識分子已經出現。而在世俗的知識分子間，在社會階層及意識形態傾向上亦有差異。甚至在大族成員間，儘管系出同宗，社會和經濟條件也有顯著差異。

社會分化（social differentiation）終究侵蝕了前此強大的知識分子家族的力量。某些仍停留社會高層的家族，就在長時間與社會大眾自我疏離之後，失去了其做為社會領袖的角色，並且也常常無法繼續其知識分子的角色，也就是說，不能再從事知識分子的活動。同時，某些比較下層而優秀的成員為了謀生之故，剛進入政府官僚體系，承當掾史的工作。他們同樣也停止了知識分子的活動。因此，前此的知識分子家族儘管仍教育其子弟，但這些成員已不夠格被稱為一般定義下的知識分子，尤其是不夠格被稱為儒家知識分子了。

從以上的討論中可以得到以下幾點結論：

一、一旦儒教被建立成為國家支持的正統，它就具體化了，因而失去其思想上的活力。同時，許多儒家學者／官僚亦成為貴族的一部分。這樣的現象在東漢時加速出現，而至其末年時已明顯可見。

二、為數不少的儒家知識分子，以太學的存在而得到集中點，共同地以抗議行動扮演了知識分子代表社會良心的角色。某些人參與了規模龐大的學生運動，某些人則以隱逸表示沉默的抗議。

三、處於邊陲的知識分子則開始思考儒學並未涵括的新議題。外來宗教以及潛伏的本土教義與民間信仰，使這些邊陲的論壇帶來了新的挑戰和新的靈感。這種知識分子活動新空間的創造，則

是和規模龐大的知識分子抗議活動同時出現的。

四、古代帝國秩序的傾覆造成了政治以及社會上巨大的混亂。像這樣的崩潰，用雅斯培式的論點（Jaspersian argument）來說，常會帶來另一個超越突破（transcendental breakthrough）的階段。重新探究儒學的努力，結合了對佛、道二教的檢證，應該視為中國歷史上極端重要的發展，對儒學的復興、道教的興起及佛教之發展具有深遠意義，終於在宋明時期綜合為此三大教義的最後產物〔理學與心性之學〕的見證。

五、當國家（the state）的功能衰竭時，社會（the society）在家族組織的（lineage organization）的領導之下，仍然使得中國整個結合起來成為一個國族（a nation）與一種文化。儒家對家庭關係的強調，使儒家知識分子家族有強大的功能，不僅於危難之際保護其成員，並且在家中以儒家教育培養人材。藉此，儒家從而得以保存與傳衍。

六、佛教徒和道教徒成為新式的宗教知識分子。然而，他們仍然是以類家族（pseudo-families）的方式來組織其僧廟及宗派。不過，釋道兩家，並沒有如西歐基督教組織國家「教會」的企圖。因此，他們的社會角色，相當類似儒生，甚至模倣儒家知識分子家族。整體言之，他們足以補足國家之式微功能，使社會繼續存在。在另一方面，這三大教派的知識分子團體，皆不能共同地取代國家功能。因之他們的公共領域（public sphere）依然是有限的。如漢代呈顯出來的，藉由集體的行動來制衡國家權威的巨大影響力，終究並未出現於中古早期的中國。

七、至於在學術成就方面，一旦儒學不再是正統，思想的活

力就不僅獲得了重行檢證以及修正儒學自身的動力，而且開拓了
思想探究的新領域。因此，雖然中古早期常常被稱為中國史上的
黑暗時代，事實上那乃是在藝術、文學、哲學、科學及技術上完
成重要貢獻的最重大的時代之一。反諷的是，也許基於相同的理
由，中國史上避免了國家與教會間的混亂關係，而在西歐歷史上，
這一難題亙延數百年之久。

八、中古早期的中國大多數知識分子是與其自身之家族緊密
相連的。像這樣的聯繫，部分原因可歸諸儒家意識形態上對家族
義務（family obligation）的偏重。另一部分原因亦可歸諸〔知識
分子〕為了生存而需要隸屬於某一社會團體。在一個動盪的年代
裡，宗族親緣組織在中古早期中國是最可靠的社會團體。因此，
一個知識分子通常須以其自身之獨立來交換安全。像這樣的知識
分子有時也必須為了社會團體（主要是其家族）的集體利益而妥
協，因而喪失了其精神的獨立，這是無數中國知識分子必須選擇
的可憐抉擇。

總結言之，如洛克提出的市民社會（civil society）及哈伯瑪
斯（J. Habermas）的公共空間兩項概念，並不適用於中古時期的
中國歷史，因為它的真正定義是與以都市為基礎的西歐社會相關。
但是，中國國家的皇權，在實際上通常是由於社會組織化了的實
體——最明顯可見的即是以親緣單位為形式——而得以制衡。世
族是有力的組織，主要係因儒家認同孝敬之心與親屬義務。世族
當然也是在綿長歲月中最易存衍的社會單位。這一連續性在中古
時期的中國，則使世族特別有利地凌駕短命的國家權威之上。在
中古時期的中國所顯示出來的似乎是一個中國式的文化體系而不

是一個中國式的政體（polity）。就中古中國知識分子的例證言之，他們完成了其做為文化傳承者（cultural carriers）的角色，藉由組成親族單元——主要是世族——做為其論壇與庇蔭處，而使文化價值得以保存、蛻變並有所創新。像這樣的現象在中國史上不斷地發生。然而，中古的例證卻似乎是最顯著的。

明清變遷時期社會與文化的轉變

余英時

　　中國在十六世紀末到十七世紀初可以看到有一些基本的變化。這些變化不但寂靜地開始，並且持續地發展，但經過長期的騷動後才造成最後的結果。最終，活在這兩世紀的大多數中國人都未察覺到自身已經歷了中國歷史上最重要的社會與文化變遷時期之一。而這樣長期發展的歷史意義卻完全被1644年滿人征服中國一事所掩蓋。所以當二十世紀的史家談到「明清變遷」時，第一印象便是滿人征服中國。直到最近史家才跳出這個政治征服的圈圈，重新檢視中國自身的變化。我想在本文中概略描繪自晚明即已開始一直持續到清代的許多社會與文化互動的變化。這些變化引導中國史走向新的一頁。就朝代的興替而言，1664年滿族征服中國仍然是一個重要的事件，但是若因此而說其完全推翻了中國的發展也是太過誇張。

一

　　明清變遷時期一個非常具有意義的社會轉變就是「士」與「商」

※本文由巫仁恕譯為中文，經作者過目。

的關係。約在十六世紀開始，就流行一種「棄儒就賈」的趨勢。而且漸漸地這種風氣愈來愈明顯。我們可以在1600年到1800年之間，從方志、族譜、文集、筆記等資料中找到上百個例子。這裡有兩個暫時的理由也許可以解釋這種史無前例的社會現象。第一是中國的人口自明初到十八世紀增加了好幾倍，而舉人、進士的名額卻未相應增加，因此科舉考試的競爭愈來愈激烈。另外一方面，自十六世紀以後商業與城市化的發展對許多士子也構成很大的誘惑。例如，據十六世紀安徽歙縣《竦塘黃氏宗譜》的記載，就有一位黃崇德（1649-1537）經父親之勸放棄科舉的準備，到山東海岸販鹽，「一歲中其息什之一，已而倍之，為大賈」。依據另一個晚明史料顯示，在十六世紀時已有人明白指出：「士而成功也十之一，賈而成功也十之九。」這句話曾使一位習進士業的文人改而從商，其後並以「百歲翁」聞名（見《豐南志》第五冊〈百歲翁狀〉）。

到十六世紀士人階層與商人階層的傳統界線已經變得非常模糊。當時除有由士轉商的例子外，也有由商轉士的例子。如文學家李夢陽（1473-1529）與汪道昆（1525-93），理學家王艮（1483-1541），以及顧憲成（1550-1612）、顧允成（1554-1607）兄弟等等是比較有名的例子，他們皆出身商人家庭。

事實上，在此時期士人階層與商人階層彼此之間都已意識到自身的這兩個社會階層已經出現有新的關係與聯繫。王陽明在1525年幫一位商人方麟所寫的〈節菴方公墓表〉中即云：

> 蘇之崑山有節菴公麟者，始爲士，業舉子。已而棄去，
> 從其妻家朱氏居。朱故業商，其友曰：「子乃去士而從
> 商乎？」翁笑曰：「子烏知士之不爲商，而商之不爲士
> 乎？」（四部備要本《陽明全書》卷二十五）

接著王陽明贊同方麟的觀點又說：「古者四民異業而同道，
其盡心焉，一也。」我認爲這段文章是宋明理學（Neo-Confucianism）
社會思想史的重要文獻。因爲這是第一次商人階層的社會價值得
到明確的肯定。特別是王陽明不只稱許商人與文人同「道」，並
且又認爲一個誠實的商人比一個利欲薰心的知識分子更值得尊敬。

然而，並不單單只有王陽明有這樣的新觀念，他的朋友李夢
陽，在一篇爲商人王現（1469-1523）所作的〈明故王文顯墓志銘
〉中，提出了這樣的說法：

> 夫商與士，異術而同心。（《空同先生集》卷四十四）

從王現去世的時間（1523）來判斷，李夢陽所作墓志銘的時
間應比王陽明以上所寫的墓表時間（1525），要早一到兩年。王
陽明的「四民異業而同道」之說很可能是受到李夢陽的啟發。

此後，我們不難在許多著作中找到有關商人社會功能的具體
論述。有些作家，像汪道昆就可以說是商人階層的代言人。例如，
當他談到自己的故鄉——安徽新安時，就說到：

> 大江以南，新安以文物著。其俗不儒則賈，相代若踐更。
> 要之，量賈何負閎儒？（《太函集》卷五十五〈誥贈奉直大
> 夫戶部員外郎程公暨贈宜人閔氏合葬墓志銘〉）

　　上面的引文中，尤其是最後一句話這樣傲慢的話，是過去的
商人連想都不敢想的話。關於明代與清代士商關係的轉變，清代
的沈垚（1798-1840）有略為誇張但頗為完整的描述如下：

> 是故古者四民分，後世四民不分；古者士之子恆為士，
> 後世商之子方能為士，⋯⋯何也？則以天下之勢偏重在
> 商，凡豪傑有智略之人多出焉。（《落凡樓文集》卷二十四
> 〈費席山先生七十雙壽序〉）

沈氏所言即在帝國晚期商人階級已經支配了當時的社會。因為士
人至此大部分出身商人家庭，所以士商之間的界線已不似過去般
的嚴明。

　　最後，值得特別提出的是自十六世紀以來，就有許多作家對
商人階層大為讚揚，這也驗證了沈垚的觀察。有趣的是明人唐順
之（1507-60）的例子，他曾抱怨當時流行一種新風氣，即愈來愈
多的商人，無論是酒坊坊主，或是肉販屠夫，只要日子一久，就
會有人在他們死後為他們作墓誌銘以褒揚之。他特別感慨的說：
「此事非特三代以上所無，雖漢唐以前亦絕無此事。」然而，諷
刺的是在他的文集中，我們可以找到至少有兩篇傳記是他為商人
而寫的（即《荊州先生集》卷十五〈程少君行狀〉與卷十六〈葛
母傳〉）。其中一篇重要的史料顯示了一位商人幫助理學家湛若
水（1466-1560）在揚州修建書院的事實，這也證明何良俊的《四
友齋叢說》所云，揚州鹽商曾向湛若水問學，並且為此「到處請
託」一事也許不虛。

二

在明清轉變期間，許多文化變遷的現象與上一節所討論的社會變遷有相當的關聯，雖然其間的因果關係尚不完全清楚。第一個重要的文化變遷就是知識分子開始主動參與所謂的通俗文化。我們可以三教合一的運動為例證。在十六世紀有許多整合的運動，有些是發生在哲學領域（如理學家王畿），也有是宗教領域（許多佛教的彌勒教派，如羅教）。特別令人感到興趣的是由林兆恩（1517-98）與程雲章（1602-51）所領導的運動，吸引了大批士商追隨。林兆恩是個不折不扣的讀書人，他來自對外貿易非常繁榮的福建。他的教義不但在福建、浙江與江蘇地區廣為士人所接受，連商人也深信不疑。依顧憲成所述，其父顧學（1516-76）在臨終前就皈依了林兆恩的教義。而顧學所以欣賞林兆恩的教義是在於林氏中心思想是儒家的倫理。程雲章的運動基本上是繼承林兆恩的延續。他的作品中就分別處理到佛、道、儒三教，而且在長江下游地區的文人界與商界享有盛名。最有意義的是程氏本就是一位徽州的典商。所以他可以說是由商轉士，並致力於提倡通俗宗教的好例子。

在十六世紀儒家的知識分子中，漸漸有一種趨勢，即將形而上學的空論落實於各階層都能接受的信條。引人深思的是這樣的新發展是否與當時商業文化的勃興有關？就我們所知，當時的商人非常地相信所謂的「天報」或「神助」的觀念，並視之為非人所能控制的命運法則。晚明以來善書的風行反映了商人的心態，

他們相信商業風險雖大，但成功與否則端視個人道德行為而定。
尤其是在十七世紀到十九世紀特別風行的《太上感應篇》，晚明
的李贄（1527-1602）、焦竑（1540-1620）、屠隆（1542-1605）
都曾宣揚過此書。結果在十六、十七世紀造成了一波翻印與註解
的熱潮。清代的經學家朱珪（1731-1801）與汪輝祖（1731-1807）
都曾說他們「每日誦讀是書」，使他們有所警惕「不敢放縱」。
章學誠（1738-1801）也提到他的父親與祖父都對此書有很大的興
趣，他的父親並想為此書作註。值得注意的是清代經學大師惠棟
（1697-1758），也曾為此書作了廣泛的註解。惠氏的註解在學界
受到普遍的歡迎，而且再版了多次。雖然我們應該避免將知識分
子喜好《太上感應篇》的原因，直接了當地就歸諸商業文化興起
的背景。但是，最重要應該切記的是士商階級界線的消融，是與
上層文化與下層文化之間界線的消融一致。而且最近的研究已經
顯示明清變遷時期商人財富的重要性與社會地位的改善，完整地
反映在此時大批善書與功過格的盛行上。

　　我在此想要討論的另一個文化轉變的現象，就是晚明以來小
說與戲曲的興起。小說戲曲和商業文化與城市化的緊密關係，不
但非常清楚而且已經很完整地建構出來了。早在十五世紀葉盛（1420-
74）就已指出：

> 今書坊相傳射利之徒，偽為小說雜書，南人喜談如漢小
> 王（光武）、蔡伯喈（邕）、楊六使（文廣）；北人喜
> 談如繼母大賢等事甚多。農工商販鈔寫繪畫，家畜而人
> 有之。癡騃女婦尤所酷好，………諸名賢至百態誣飾作為
> 戲劇，以為佐酒樂客之具。有官者不以為禁，士大夫不

以為非；或者以為警世之為，而忽為推波助瀾者，亦有
之矣（《水東日記》卷二十一）。

我所以詳細的引出上面這段文字，主要因為這是最早有關的記載，
其中透露了當時小說與戲曲不但受到普遍的歡迎，而且欣賞的觀
眾還有很廣的社會組成。就通俗文學的訓誡功能而言，我們也可
以從劉繼莊（1648-95）的觀點中得到佐證。劉氏相信就社會功能
而言，小說可比之為古代的《詩》與《樂》，而戲曲可比之為古
代的史書與《春秋》。所以作了以下的結論：「戲文小說，乃明
王轉移世界之大樞機。聖人復起，不能捨此而為治也。」（《廣陽
雜記》卷二）

從葉盛的觀察中我們知道，十五世紀的小說與戲曲中的主角
主要是歷史上的名人。但是十六世紀則完全不同。就馮夢龍（1574-
1646）與凌濛初（1580-1644）所編的《三言》與《二拍》為例，
在所有的兩百個故事中起碼有七十個故事是取材於當時的商人。
事實上，其中有關商人的故事，如《醒世恆言》中的〈施潤澤灘
闕遇友〉與〈徐老僕義憤成家〉，或可在方志中證實其歷史背景
的真實性，或竟實有其人。更有趣的是這些故事充分反映了當時
棄儒就賈的事實。我們可以從馮夢龍所編《喻世明言》中的一則
故事，發現了一個新的諺語：「一品官，二品賈。」這也清楚地
說明商人的社會地位已經大為提高了。同樣的，何心隱也同意將
商人放在僅次於士人的地位。另外，凌濛初的崇禎本《二刻拍案
驚奇》卷三十七稱：「徽州風俗以商賈為第一等生業，科第反在
次著。」其它當時的作品也可以證實以上的論述。如汪道昆就說：

　　徽、歙右儒左賈，直以九章當六籍。（《太函集》卷七十

七〈荊園記〉）

　　我們可以說到了十六世紀，中國的小說戲曲史開始了全新的

一章。另外一個特徵就是知識分子主動參與了這方面的創作。這

批文人除了馮夢龍與凌蒙初之外，尚有湯顯祖（1550-1616）、金

人瑞（金聖歎，1607-1660）、李漁（1611-1680？）及其它等等。

「文人小說戲曲」一辭的出現，也暗示了當時的觀眾與讀者必定

比想像中的範圍更廣。就文人圈而言，既然自十六世紀以後他們

已經主動參與小說與戲曲的創作，所以會有所謂「文人小說戲曲」

的出現也是理所當然。然而，從葉盛上面的引文看來，我認為明

清小說與戲曲的觀眾與讀者可能真的包括了「工、商、販」及其

家屬。而且還有充分的證據顯示商人特別以嗜好小說戲曲而聞名。

例如顧憲成從商的父親，早年就對小說，尤其是《水滸傳》特別

有興趣。清道光時徽州商人舒遵剛也說：「人皆讀四子書，及長

習為商賈，置不復問，有暇則觀演義說部。」（《黟縣三志》卷十

五〈舒君遵剛傳〉）由此，我們可以確定的，自十六世紀以後小說

與戲曲已經成為通俗文化的核心，並且由文人與商人所共享。重

要而應該注意的是明清士商界線模糊以後，「士」一辭也有了新

的社會意義。

十九世紀末葉知識分子的變法思想

劉廣京

　　對中國歷史轉型期的知識分子之角色做一鳥瞰，絕不能遺漏十九世紀大清國勢日益顛危，官紳和士大夫階層企圖以不同方法謀求改革。此即是始於1860年代的「自強運動」，它於鴉片戰爭二十年後展開，實際反映了負責平定太平天國之亂和其他變亂的封疆大吏及其幕僚的新思想。這項改革運動，因慈禧太后靠制衡和分化來治國，並非所有改革家的思想都能付諸實現或嚴重的考慮。但是此一時期思想的激素繼續在士大夫和官紳階層中擴展，最後促成變法的激烈要求。

　　本文主要針對中日甲午戰爭（1894-95）以前中國知識分子中的變法思想做一勾勒。中國於此役急速潰敗激發知識分子的行動主義，對促使中國政局激烈化，有著相當深遠的影響。但是在此決定性的戰役前數年，中國士大夫及官紳階層中已經有人轉向西方汲取新知。如同中國中古時代的知識分子欽慕佛教，晚清的中國知識分子也扮演著文化傳承者的角色。吾人要瞭解康有為（1858-1927），便不能不提到西學的影響，更不用說西學對於何啟（1857-1914）和嚴復（1853-1921）的影響了。但是回顧中國歷史，十

※本文由吳翎君譯為中文，經作者過目。

九世紀知識分子如此努力探求新世界的積極文化，是極為特殊的
現象。本文焦點在於檢視十九世紀中日甲午戰爭前士大夫及官紳
階層價值觀的改變，而當時興起的激進主義往往是感情勝於理智的。

自強和思想激素

　　自強運動的具體成就，僅是在表層上採用西方科技而且成效
不彰。但是，自強運動的目標則為一些沒有直接影響政策施行的
士大夫及官紳階層所共同參與。這些人包括通商口岸的居民，他
們往往祇是國家事務的旁觀者；也包括沒有機會影響決策的低階
官員以及還未獲取功名或一官半職的年輕學者。這些人在官紳階
層中仍祇是少數中的少數，但他們是促使「變」的激素，因為他
們對完成民族主義的目標，在方法上有著寬廣的視野。再者，他
們之中有人真正受新價值觀念的影響，不僅僅關心國家的富強，
同時關懷社會和個人的解放。他們超越了經世思想家或今文學家
的思想，到了光緒初期便有一些人經歷了價值觀念的轉化，在中
日甲午戰前刺激了對新思想的容納與接受。

　　甲午戰爭前二十年的中國經歷了一連串令人痛心的事件——
1874年日本軍隊進犯台灣，中國政府無能防禦，1878年的煙臺條
約進一步擴張列強在華的權益，最後中國喪失琉球的宗主權。後
來法國侵北圻引起中法戰爭，1885年中國喪失對越南的宗主權。
在這時期之中，國家意識的成長因採用西法而有加速之勢。1870
年代，揚子江岸和一些沿海口岸已普遍出現商用輪船。從漢口到
上海僅三天即可到達，從廣東到天津僅需八天。1872年，上海刊

行中文報紙——《申報》，可運銷到其他省區，而在其他通商口岸也有類似的報紙創刊。甲午戰爭的前十年，電報線已擴延到內陸，諸如四川和雲南。

1880年代，至少有些中國人有著更多的機會去獲得西學。在痛恨西力入侵的同時，士大夫中有不少人往往在不自覺中開始受到新思潮的感染。年輕的士子，乘輪船赴北京參加考試，必定造訪上海和香港，而為秩序井然的街道和新建築所吸引；留學海外者，歸國後大力宣揚西政和西法，諸如王韜等人。有愈來愈多的關於西方科技和因應丕變之局的中文著作——例如1881年到1885年由江南機器製造局出版傅蘭雅等人所譯的著作超過九十本之多。製造局同時出版《西國近事彙編》（1873-1898）。教會出版品在此時也受到更多士大夫的注意，而刊行於1874年的《萬國公報》，對於西方科技和知識的傳播，其貢獻更不亞於教義的傳播。

居住在上海和香港的中國知識分子，最早接受「變法」較寬廣的內容，一點也不令人訝異。鄭觀應（1842-1921）年輕時受中文教育，後來習英文，曾於1860年代為上海英商公司的買辦。除了競逐商場之外，他撰寫了關於中國問題的多篇文章。王韜（1828-1897），一位古典學養深厚的學者，於1867-70年訪英國之前，曾協助傳教士兼漢學家的理雅各（James Legge）從事翻譯。此後，他在香港和上海大半從事報紙的編寫工作。鄭觀應和王韜雖對外人友善，但兩人皆要求清廷重申國家主權——主張關稅自主、驅逐外人在內陸口岸的貿易，以及廢除治外法權，藉以收回利權。他們倡導較寬廣的變法內容，包括軍備和生產的工業化，同時期

的少數大吏如李鴻章，更強調改革科舉的必要性。鄭觀應和王韜強調行政改革的重要性，關懷之處更進一步提升到政治改革的問題。他們同感於本國政府的弊端所在，和明季諸子的想法一樣，他們瞭解君主獨立於官紳和士大夫階層之外，是現存行政制度癱瘓的根本原因。王韜研讀歐洲史著，確信議會制度說明了英國在政府組織功能上的優越性。鄭觀應則主張由官吏和仕紳組成兩院議會，議員公平而普遍地從人民中推選出，皇帝對議會的決定保有否決權，而議會則負責政策的改革。鄭王兩人皆強調這種巧妙的政治結構能使國家與人民「心志如一」。他們也強調報紙的重要性，對議會而言，它是「民情」的傳遞管道，鄭王二人皆信新聞媒介對議會和官僚政治有監督的功能。

　　不論是鄭觀應或者王韜都沒有對儒家道德信條提出質疑，他們相信中國文化握有天下之「大道」。但他們鼓勵讀者學習西方文明的「體」及其「用」。後者包括了公立學校和議會這類的組織。在他們身上也可看出傳教士對他們的影響，諸如主張女性有平等受教育的機會和解放小腳；他們也倡議人道措施，諸如改善監獄和禁止華工苦力出賣。

　　通商口岸的作者受西方影響，是明顯可見的。在1880年代和1890年代初，有愈來愈多稍具知名度的官紳提出和鄭觀應、王韜相類似的觀點。李鴻章的幕僚薛福成（1838-1894），當時還很少和外人接觸。1879年，他發表〈籌洋芻議〉一文，主張中國當謀求修約，以便除去治外法權和提升關稅自主。他鼓吹政府應以一種非介入商業競爭的方式來保護商人。薛福成辯稱西元前221年秦統一天下有一次規模宏大的變法，此後的一次大變法，當在兩千

年後，尤其是在中國已進入一個新的國際體系之後。他倡議考試
制度和文官任用體制的革新、六部的管轄權和任用方式的變革，
如此方能使國家富強的目標受到較少的阻礙。甚或比薛福成更引
人注目的是，有一群未參與自強事業卻撰有變法言論的官紳們。
諸如湯震於1890年初撰《危言》一書時為安徽省的縣官。陳虬於
1892年撰《治平通議》時在浙江老家賦閒，可說是道地的士紳。
陳熾於1896年任職戶部侍郎時撰寫了《庸書》一書。這三人對
外力的侵凌有和薛福成一樣的憂患意識。他們對於當時無論是中
央或地方政治的沈疴，有著更深沈的認識和關懷。此三人皆盛讚
議會制度的某些巧妙功能。湯震有一獨特的見解，認為兩院的議
會制度或可從現行中央官僚體系中建構出來。陳虬建議州縣設置
議院。陳熾則主張地方設立議會、中央設立議院，下議院則必由
選舉代表而產生。

早期的康有為

　　雖然進步的變法思想已為一些作者所倡導，但它仍有待於一
名年輕學者在哲學思辯的轉向下與正統價值宣告分離，並且更進
一步導向政治行動。年輕時期的康有為（1858-1927）在沒有接觸
西學之前，已不滿於自己所受的宋學教育，認為宋學「拘且隘」，
而漢學則是「碎且亂」。康氏於《自編年譜》中憶述，1878年，
他未滿二十歲時，已感悟到真理並不存在於過去他所遵奉的大儒
先哲的教誨之中，而在於神祕經驗的頓悟。他說：「靜坐時忽見
天地萬物皆成一體，大放光明，自以為聖人則欣喜而笑，忽見蒼

生困苦，則悶然而哭。」康有為思想中的佛教傾向在他接觸西學後發生微妙的變化。1879年他到香港旅遊，殖民地井然有序的行政制度及建築物，令他印象深刻。他開始研讀世界地理和收集西學論著。三年後，即1882年，他訪問上海，「悉購製造局和西教會所譯出各書盡讀之」。康氏的道德和政治哲學於此時開始形成，明顯和清代思想分道揚鑣，這可由他寫於1884年的殘存手稿《康氏內外篇》和《實理公法》中看出。

康有為不僅僅使用許多西方科學的術語（諸如「以太」和「電」），並寫了一本以歐幾里得幾何學為架構的著作。他的新思想無異於對儒家思想中「仁」的再界定，並延伸它在社會的意涵。《康氏內外篇》中，他攻詰儒家思想中的「義」已被「習俗」所腐蝕，以致不能和「仁」並立。他說：

> 中國之俗，尊君卑臣，重男輕女，崇良抑賤，所謂義也，………
> 習俗既定以為義理，至於今日，臣下跪服畏威而不敢言，
> 婦人卑抑不學而無所識………吾謂百年之後必變三者，君
> 不尊，臣不卑，男女輕重同，良賤齊一。（〈人我篇〉）

康有為極欲表達人類平等的觀念——每個人皆賦有靈魂和智慧，即使是「智愚強弱之殊，質類不齊」。在《實理公法》書中，康有為提出理想社會的基本藍圖：每個人皆有自主的權力，法律應同等適用於每個人，一切社會和政治制度應經由全體關心國事的民眾公開討論後決定。康有為的烏托邦理想包括選舉和議會：揭櫫一種從聖賢良師的教誨中解放出來的自由，主張自由選擇丈夫或妻子，甚至主張成立公共組織撫養小孩。康氏或許受到墨子

利他哲學以及宋明儒學中的直觀思想之影響，他曾自述個人思想
淵源來自古代儒家經典、大乘佛教和西學。

康有為自信他的哲學思想是放諸四海皆準的。他認為無論是
儒家、佛教和基督教，其基本精神是相通的，並且不分「蠻夷」
或華夏，無論先天秉賦不同，皆一視同仁。但康有為也是一個民
族主義者。1884-85年中法戰爭爆發，兵臨廣東，令他印象深刻，
他認為更嚴重的危機將一一到來。1888年他在北京目睹自滿而腐
敗的大清政府的情狀，乃試圖上書建言。他辯稱自強的先決條件
為政治革新——要大開帝國諮詢問政之門，以便容許人民和政權
的溝通管道暢通。北京朝臣沒有一個人願意遞呈康有為的建議。
其後他回到廣東，致力教育和著述。

就在此時，他最後將他個人的思想與原始儒家的關係澄清。
他在公羊學中找到通往「大同」世界的進化觀念，稍後，他發現
《禮記》中描寫理想社會的藍圖是：「人不獨親其親，不獨子其
子」，並且對人類有著博愛的關懷——我們應留意，在太平天國
之亂的作品中也引用過這節文字。康氏認為聖人之教長久以來即
被扭曲。在《新學偽經考》一書中，他試圖證明東漢以來的經書
皆出自劉歆的偽作，祇是新莽一朝之學而已。由於古文經大半為
宋代理學家恭謹注疏過，所以康有為這個說法，使得西漢以後的
經學發展，乃至清學正統派面臨挑戰。不久之後，康氏在1896年
的《孔子改制考》一書中將新學偽經的觀念具體化。康氏認為聖
人與其說是法古者，實際上是為後世著想，封建制度絕非聖人本
意，堯舜所立乃「民主之太平」。康氏認為孔子將古代社會理想
化以做為制度改革的依據（也就是託古改制）；孔子身為「素王」，

要為萬世推演新制度。中國經歷一段長時期君主專制之後，最後勢將進化到一個時代——個人自主之權將完全被保障。為了這個新的社會道德的觀點，康有為建立了一套三世演化說的哲學體系。

完成《孔子改制考》一書之時，康有為已捲入了當時的政治運動。1885年他赴北京參加會試，起草「萬言書」，倡言迅速採行西法、與日本繼續作戰。這項請願為參加考試的各省舉人所響應，連署者達一千二百人之多。這就是有名的「公車上書」，其實是一個知識分子的群眾運動。根據鄭觀應和陳熾等人的變法思想、《萬國公報》所刊載的西方傳教士觀點、黃遵憲所著《日本國志》及他自己勉力研讀的日文著作中記載的日本明治維新的經驗，康有為提出一個龐大的變法計畫，焦點集中在某些政治制度的變革。他建議考試制度應迅速改革方可鼓勵科技的專精；他也希望教育設施為所有人享用。他規劃每個村落應設立學校和圖書館，如此一則減少文盲，二則儒家思想能活絡地傳布開來。這裡所說的儒家思想必是指康有為自己的那一套理論。康氏的變法方案方面甚多，但他認為政府改革應率先實行。康有為建議停止捐官制度。每一個「道」應設一巡撫，以便他能有效監督一個小於省的區域；縣官的官階應提高；無論是中央或地方的胥吏，應當由舉人中挑選。如同馮桂芬於1860年代初所提出主張，康有為建議每一個社區所提名的「鄉官」，應為地方行政提供協助，但他也希望成立一個由選舉產生的代議機關為全國的立法機構。他建議由十萬戶選出一個代表（不拘官員或平民）稱為議郎（漢代的官銜）。議郎應輪流分批謁見皇帝，由他們會議改革和稅收等問題；這個團體總數的三分之二接受的提案將會送至六部考量。康

有為相信這樣的一個代議制度不僅是將民眾的怨言坦露於皇帝之前，而且也表示人民擁戴國家贊助富強。他說：「合四萬萬人之心以為心，天下莫強焉！」

中國知識分子與民主理念

康有為的觀點和提議是變法思潮的一個縮影，同時期另有一批人則強調變法思想在本源上與西方有更直接的關聯。在香港的何啟是一名醫生，也是社會名流，曾在英國攻讀醫學和法律二十年之久，他在1887年和1895年之間，與住在香港但所受中學較深的胡禮垣（1847-1916），合寫《新政真詮》一書。何啟和胡禮垣兩人提出不少「新政的見解」，範圍從提高官俸到建築鐵路，並強調改革古老的法律制度。他們特別強調議會做為法律的判定者應保護人民的生命財產。他們說：「夫政者，民之事也，辦民之事，莫若以公而以平。何則？民之疾苦，唯民知之為最，其事之順逆，唯民知之最切。」何、胡提出在清廷之下開議院的主張，儘管1895年何啟事實上資助廣東革命黨從香港發起反清活動。

何啟、胡禮垣主要介紹了洛克學派的觀念，而擔任李鴻章所辦天津船政局教習的嚴復（1853-1921），則以非官方的身分譯介達爾文社會進化論，嚴復曾於福州船政學堂當學生時學過英文及西方科學課目，他對英國政治思想極為著迷，尤其是在1870年代末期遊歷英國兩年之後。刊行於1895和1898年之間的《天演論》（取材自赫胥黎1897年的《物種與倫理》一書中，嚴復引申一種思想——為求生存的永久爭鬥中，唯最適者生存——迅速得到讀

者的迴響。嚴復強調,人類世界的爭鬥主要在群體之間,就近代的意義而言,就是國家與國家之間的爭鬥,祇有個體成員在生理、智慧和道德上的超越,群體才可能發達。嚴復呼籲一個更為強健的中國人種,就教育方針而言,這是強調科學方法和獨立的研究精神,而就公共道德的教育而言,這包含了對自由及榮譽感的重視。嚴復痛恨中國人的愚昧和虛偽,他最希望的是看到從此以後的士大夫轉變為充滿活力、負責任的公民。嚴復似乎比康有為較少探討深一層的道德問題。大體而言,他較不關心個人的價值,而看重國家的富強。但是,他仍篤定地致力於民主和民族主義理想;在他所欽羨的維多利亞時代的英國,此兩者並無明顯衝突。嚴復坦言「國者,斯民之公產也。」並嚴屬抨擊中國歷史上的君主專制。雖然他相信改變應漸進不宜過急,但他卻力主中國的地方官組織——州縣長官應由選舉而來,北京中央且應有一全國性議會。嚴復宣揚的進化觀念是他本人以及當時其他人士要求強化憲政和改革的論證。

　　上述所討論的觀念在思想史上的意義重大。雖然中國古代能找出民主思想的原素,特別是《孟子》一書有之;但是像康有為、嚴復這樣認真的學者想必是在驚心的感受下學習西方民主制度。一些根深柢固的問題,例如土地關係,卻被我們上述所提到的改革家忽略了。雖然如此,這些人確有遠見,傾向於要求中國長期持續性的社會解放,他們所提出的觀念,無論就那一方面而言,都是對新的政治秩序的期望。然而,少數人心中的理想和專制政體日益腐化的現實之間當然存在著極大的鴻溝。

從英國殖民地的香港運轉出一種新形態的叛亂運動。中日戰爭之際，孫中山在檀香山組織了一個半地下性的愛國會黨——興中會，孫的兄長住在檀香山，在此之前孫曾在此逗留兩次，此後孫在香港入學習醫，並結交了許多朋友。興中會的誓詞是「驅逐韃虜，恢復中華」，儘管它祇是一個會黨團體，最後目標則在推翻滿清。1895年香港方面提供財力和武器資助三合會和廣東革命軍的組合，當時的想法是攻擊主要衙門而控制住城市。不能確定的是，此時興中會是否要求黨員入會時必須宣誓「創立合眾政府」。曾懇請英國政府資助會黨的何啟，介紹他們時稱之為「改革黨」，其目標在以一種新的議會結構代替滿清政府，是緊隨「憲政劇變」而至的一個階段。但是孫中山此時似乎對行動的興趣高於意識形態。興中會的其他領導分子似乎也是如此，他們與孫中山一樣在香港受教育、出國並且和本地商場社會的聯繫勝於對士大夫階層的聯繫（如鄭士良與三合會的關係）。1895年10月廣州革命起事失敗，主要領導人亡命海外，興中會在香港的活動遂告中止，直到四年之後。

在這時期，中國內陸士大夫的變法運動正如火如荼地展開。經過中日戰爭及光緒百日維新後的變法運動，歷史極為複雜，在新近大陸學者利用檔案史料出版的《戊戌維新運動新探》、《康有為變法奏議研究》等書中有重新的評價。本文僅論述到此，且仍未能一一列舉變法運動的具體成就。例如梁啟超（1872-1929）、譚嗣同（1865-1898），和唐才常（1867-1900）等人，也還沒有討論到。我們不能忽略一個事實，即這些狂熱的年輕改革家，每人皆有特殊的個性，同時是傳統文化的繼承者——他們皆能吟詩

作賦；他們講求以詩文會友；他們景仰孟子以及過去在思想史上有所突破的黃宗羲、王夫之。但是「西學」對他們的影響，一樣是無可置疑的。張灝認為十九世紀末中國知識分子的危機應自宋明哲學中的道學前提說起。這點無疑是正確的。張同時也觀察到，長久以來知識分子極端理想化的傾向，創建了一個具破壞性的烏托邦理想國。但是無論如何，在中國歷史轉型期的十九世紀末葉的知識分子確實曾扮演了一個決定性的角色，並且曾提出一個明確的，而且必將垂之久遠的民主宣言。

再論中國共產主義思想的起源

張　灝

　　近年來中國知識分子對共產主義的猛烈抨擊與其過去在後五四時期數十年間對它的傾心歌頌恰恰成了一個強烈的對比。共產主義征服思想界的確是它最後在政治上征服中國的一個重要因素。我們應如何來解釋這種思想征服呢？更重要的是，共產主義在中國興起時其思想之魅力又何在呢？對於這些問題過去都曾有人提出過不同的解釋。本文將試探著把共產主義的思想淵源放在近代中國思想變遷的脈絡中，重新作一評價。這些思想變遷發生在1895到1925年間，那就是跨越了所謂中國歷史轉型期。

　　表面上，意識形態的形形色色及思想氛圍的瞬息萬變蔚為此一時期的特色。但是我們常常忽略了在那千變萬化的思潮中正在浮現的一種思想狀態。由於沒有更好的字眼，我們姑且名之為「社會政治理想主義」（socio-political idealism），或者更簡單地稱它為「理想主義心態」（idealist temper/syndrome）。要了解這種心態，我們必須留意此一時期不同思潮在結構上所共有的一些特徵。

　　特徵之一是那日益深重的大難臨頭的危機感。1895年以後的

中國面臨日益猖狂的帝國主義。外來的侵略比前此大為頻繁,中國在勢力範圍的劃分下,瓜分的恐懼已迫在眉睫。就在同時,政治和社會文化秩序也崩潰了。到了1920年前後,甚至連一個基本政治統一的影子都不存在了。此時期的中國,陷入了自中古以來前所未有的社會政治解體。這巨變的洪流,發生在短短的三十年中,給中國知識分子帶來了一嚴重的危機感。從此,中國的思想界就為如何對付此一危機而進入了無止無休的激烈爭辯中。

在此轉型時期,各種思想流派,或直接或間接地應運而生。這些思潮都帶著濃厚的群體意識,期望把中國自此一危機中解放出來。他們嚮往著一個未來的中國,並追尋通向那目標的途徑。這個群體意識,表現在一個三重結構上(tripartite structure):危機意識、矚望的目標及其途徑。

為了掌握這三重結構,我們必須仔細檢視這時期由不同思潮影響而成的目標與途徑這個概念。這逐漸浮現的群體意識最令人矚目的是它對未來的殷切期望。這「未來意識」也許是來自傳統本身那些總是予人以希望的精神資源,諸如儒家生生不息的宇宙觀,以及來自各宗各派的死而復生的信念。但是這「未來意識」更重要的啟發卻來自西方的歷史目的論——認為歷史是一個單向直線的發展,走向未來一個完美的巔峰。這些觀點很快地席捲了轉型期的思想界,中國的知識分子乃抱著與世界歷史潮流共奔前程的心境去面對未來。

這個歷史樂觀主義對未來的社會目標抱持著一個雙重遠景。其一是國家主義。由於知識分子生逢帝國主義橫行的時代,他們把希望投注在當時盛行的「富強」觀念上。這個觀念幾乎代表了

當時大家普遍的心聲。但在國家主義之外，他們又提出了一個超國家的理想秩序，反映了幾世紀以來儒家對大同世界的嚮往。但在儒家的表層下，我們常常發現近代西方的某些觀念與價值，諸如科學與民主，對這大同思想的形成，也有很深的影響。

因此，中國人對未來歷史巔峰盡頭所抱持的社會目標不免就充滿了烏托邦主義的色彩。這種烏托邦主義並不見得一定就以道德世界主義的形式出現。它也可能以民族救世觀的形式出現。因為在中國人對富強的熱烈憧憬中，往往還潛藏著重拾過去為天下中心的光榮歷史的情懷。因此國家主義與道德世界主義兩者都是構成救世烏托邦主義的重要因素。

如是，在理想主義心態的三重結構的核心存在著一種緊張。一方面，這時期日益高漲的危機，帶來了一種迫切的危亡情緒。另一方面，從歷史目的理論得到的新信仰又使人對未來充滿了樂觀。這種緊張驅使著人們去尋求由苦難的現在通向光明的未來的途徑。這種把歷史看作一客觀向前的世界歷史過程的史觀並不能減輕中國知識分子內心中的緊張。因為他們都是在儒家信仰中成長的，相信人為宇宙之一部分，應當努力奮鬥使自己與宇宙運行的節奏保持和諧。因此，最關鍵的問題不在於他們相信的客觀世界歷史潮流是否與積極自發的精神互不相容，而是在於他們應當採取何種方式的主觀積極行動才是到未來之路。

為解決此一問題而出現的各種觀點，可歸結為兩派：一派主張以漸進的改革為走向未來之路；另一派則主張採取激烈而大幅度的改變。到未來之路遂以兩種聲貌出現了：改革與革命。

到目前為止，我們已討論過理想主義心態的三重結構也是一

個緊張結構（tensive structure），其中心問題是在如何找到一個未來的目標與途徑以克服這種緊張。在這轉型時代裡，最主要的思想發展之一就是這個理想主義心態緊張結構的激烈化。

我所謂的激烈化不僅僅是指這個時期的每個階段中，革命的聲浪都淹沒了改革聲浪。它也代表著這三十年間理想主義心態的緊張結構在觀念上所經過的一些變化。雖然這激烈化的趨勢在轉型初期就可看出，但要到轉型末期才真正加深加劇，以致最後這激烈理想主義乃逐漸地變成了五四時期及五四以後的時代裡的主要心態。

由於此一激進主義脫胎於理想主義心態，它自然地也具備了那三重結構的特色。但是因為它是那心態的激烈化，在結構上也就有了重大的變化。首先，日益強烈的危機意識導致它對現狀及其背後的傳統作了全盤的否定。對它而言，過去與現在已混凝成一片窒息的黑暗。同時從烏托邦與國家主義的雙重角度看來，激進的理想主義心目中的未來理想社會與目前的黑暗成了強烈的對比。世界歷史潮流也正朝著那未來的理想秩序闊步前進。但是因為未來的光明與當前的黑暗是這樣一個極端的對比，未來的理想秩序只有在當前的黑暗被全部摧毀後才能實現。因此通向未來的路絕不可能是漸進和平的，它必然是劇烈而猛速的，而此時正是那向前飛躍的關鍵一刻。

從激進理想主義的觀點來看，向未來的飛躍，既非當然亦非定然。世界歷史的潮流是否能在中國暢行，全看善與惡、光明與黑暗劇烈鬥爭的結果。這種當時《每週評論》稱之為「公理」與「強權」之鬥爭，正在中國與世界各地展開。因此，這是人們站

向真理與正義的一邊去與強權作生死鬥的時刻了。於是在激進理想主義的三重結構之核心是一個以鉅變來救世的歷史觀和兩極心態的世界觀。我們必須記住，這三重結構的世界觀從一開始就是一個緊張結構。而它進一步的激烈化，使這緊張更加尖銳化，充滿了悲情與焦慮，遂而轉化成為一種半宗教性的心態。這樣一來，激進主義使得五四時期及後五四時期幾代的中國知識分子極容易地就為馬列主義的魅力所惑。就好像激進理想主義的擴散造成了一個磁場，而馬列主義順理成章地就成了那磁場的中心。

要想瞭解此中原因並不困難。目前一般都認為當中國的知識分子轉向共產主義時，他們大多數對馬列教條及理論的瞭解都非常少。但是，他們對馬列主義的一知半解反倒正是吸引他們的地方。譬如在《共產宣言》的中譯本裡那極為簡眇、卻又最醒目的大綱中的歷史觀，卻正合了激進理想主義的脾胃。一方面，它全面否定現存秩序及其過去的史觀，使中國知識分子對現狀的強烈反感得到了理論上的支持而覺得心安理得。另一方面，它也正慶祝未來。它矚目於一個既能滿足他們烏托邦理想，又能紓解他們國家民族情懷的理想秩序。同時，馬克思主義那套以群眾行動作為通往未來之途徑的革命理論，又肯定了他們兩極心態的世界觀，給他們一種積極參與世界潮流的使命感與滿足感。

李大釗是個好例子。他的心路歷程證明了激進理想主義如何為他皈依馬克思主義奠下了基礎。與他許多同時代的人一樣，李大釗對1911年的革命抱著極大的希望。但革命後的中國陷入政治分裂，軍閥割據的局面，這一殘酷的事實，將他的希望粉碎了。他那極度的失望，在他當時許多對革命後中國政治的猛烈抨擊的

文字中表露無遺。在他看來，中國陷入泥淖之深，唯有激烈的手段才能將她拯救出來。但在同時，他又對未來抱著極大的希望。他的信心是來自五四初期他自己的一套新世界觀。藉著傳統儒佛思想中永生的觀念和近代西方進化論樂觀主義，他看到一個永遠更新回春的遠景。他相信，唯有人類英勇的奮鬥，征服當前的黑暗，才是到理想未來之路。如是，一個激進理想主義的緊張結構就在李大釗的社會政治意識中逐漸形成。1917年，俄國革命爆發，他開始注意布爾什維克思想，而就是因為他在這思想裡面找到了激進的理想主義，他才逐漸轉向馬克思主義的。

陳獨秀到馬克思主義之路程比較曲折。但是我們仍可看出激進理想主義在他個人政治信仰變化過程中所扮演的關鍵角色。從他民國初年到五四早期的作品中，可看出他對革命後的中國之悲觀並不亞於李大釗。然而他對西方民主思想和進化論的堅定信仰又使他對未來滿懷信心。這種對未來與現在全然不同的心情可以解釋為什麼那些年他的著作中充滿了光明與黑暗的鮮明對比。但是，一直到1910年代末期，他的理想主義心態仍偏向於漸進的方式。最後促使他思想激烈化並驅使他轉向馬克思主義的是他自己所說的「俄國精神」。但他卻從未交代清楚到底什麼是「俄國精神」？不過從他的著作中，我們可以推斷它是指1917年革命中布爾什維克奔向未來的那種大膽、英勇之精神。他對「俄國精神」的傾倒是建築在他個人那黑暗現在與光明未來的鮮明對比的世界觀上的。對「俄國精神」的傾倒，加上對現在與將來的兩極意識，孕育了陳獨秀的激進理想主義，為他最後投入馬克思主義的陣營打下了根基。

郭沫若或許是最顯著的例子，證明激進理想主義心態確是中國知識分子轉向馬克思主義的一個決定因素。郭沫若早年以浪漫派作家而名譟一時。他那浪漫派的人生觀大多來自他感情世界中的兩極。兩極之一是他對外在世界的絕望：一部分是由國家危機而來的挫折感，一部分是他自己對生命的焦慮感和存在感。另一極則來自他泛神論世界觀所衍生出來的一種對群體合諧與個人解放的渴望。他第一本詩集《女神》，出版於1921年，轟動了五四文壇。從他書中那浪漫世界觀的兩極意識中可以清楚看到激進理想主義在他政治意識中所佔的中心位置。

在詩集頭一篇與書同名的〈女神〉詩中，郭沫若描述一群女神如何在一場決定性的戰爭中摧毀了一個自私自利而又自相殘殺的男性社會。經過這一驚天動地的毀滅，地球乃得免於暴力與苦難，變成了一片祥和繁榮的樂土。他另一首長詩〈鳳凰與涅槃〉，是這本詩集中最膾炙人口的一首，引用浴火鳳凰的神話更有力地表達了他的激進理想主義。全詩建立在三個場景上：一對鳳凰在一堆柴火中自焚而死，象徵著醜惡血腥的世界也在燃燒著；在大火的灰燼中，這對鳳凰又重生了；一個充滿了愛與和諧的永恆烏托邦於是而誕生了。在這兩首詩中，郭沫若用詩的戲劇性語言，表達了他激進理想主義中的世界觀與悲愴情懷。詩集出版後不久，就在這種心境下，他投入了馬克思主義的懷抱。

同樣的激進理想主義也充斥在五四時期以後的「白話文學」中，尤其是所謂的「三十年代文學」。任何熟悉此時期文學的人都一定會注意到籠罩當時小說、詩、戲劇等等的思想的兩大顯著特色。首先，對當前黑暗世界的全然失望與對未來光明世界的熱

烈期盼這兩種心情間存在著的緊張；另外，那兩極心態的世界觀
驅使著他們想盡方法去克服這種緊張。現在一般都同意，1920到
1940年代的新文學在引導中國知識分子走向馬克思主義的路途中
扮演了極為重要的角色。

　　我相信上面已明白指出激進理想主義心態在此轉型後期是馬
克思主義在中國興起的決定性的思想源頭。我在分析中強調這心
態不僅是一個單純的思想傾向，它是許多思想傾向的匯合。這些
傾向中的某些成分，諸如民族主義和烏托邦主義，都曾被單獨提
出來做為馬克思主義之所以吸引知識分子的解釋。然而，對我而
言，並非任何一個單獨傾向，而是許多傾向匯合所造成的緊張結
構，才使馬克思主義得以征服中國知識分子的心靈。換句話說，
雖然激進理想主義要到後五四時代才成為當時的主導心態，但它
的源頭可上溯至轉型時期。唯有從那時長期思想發展的歷史脈絡
中，才能對它的根源得到一個深切的瞭解。

「問題與主義」論辯的歷史意義

林毓生

一、三重危機：論辯的歷史環境

在1919年，「五四」與「六三」等重大事件發生後不到三個月的時候，做為中國自由主義主要發言人之一的胡適與做為中國共產黨創建人之一的李大釗，在《每週評論》上針對「問題與主義」進行了一次甚具意義的論辯（當時參加論辯的還有藍志先等）。與後來中國知識分子之間許多僵化的、意識形態的重複操作，或未加深思的黨派路線之爭相比照，這是一次相當「開放」的論辯：雙方都持盡量瞭解對方立場的態度；因為彼此都能嚴肅地看待對方，所以他們都相當清楚地說明了自己立場。從客觀的觀點來看，這次論辯把彼此立場之得失顯示得相當清楚；在中國近現代思想史上，這樣子的交換意見是很難得的。

1919年是二十世紀中國歷史悲劇的門檻，過此之後，則一發不可收拾矣！我們可從李大釗與胡適的論辯的性質與後果看到一些這一重大歷史悲劇之成因、性質、與過程的端倪。李大釗對其抱持「主義」的說明，預示著激進的中國共產運動所將採取的意

識形態的方向與內容。另外一邊，胡適對中國的變革所應採取自由主義式漸進改革的立場做了有力的辯護；當時獲得不少人的支持。然而，歷史環境對他所提倡的變革方式卻極為不利。自由主義漸進改革的途徑預設著最低限度的社會、政治、與文化秩序的存在；在這樣的秩序之內以漸進和平的方式進行逐項改革才有其可能。但中國當時的政治、社會與文化秩序均已解體，它是處於深沉的政治、社會、與文化三重危機之中。在這樣整體性危機之中的人們，渴望著整體性的解決。自由主義式漸進解決問題的方式，並不能適合當時許多人急迫的心態，也提不出立即達成整體性解決的辦法。

　　吾人如要徹底考察胡適關於政治、社會、文化、與思想的變革的每一項意見的話，我們會發現他的思想之中包含了不少無法解決的自我矛盾——這些矛盾事實上減弱了他的自由主義的立場，至少從理性的觀點去看是如此。不過，在他與李大釗進行「問題與主義」論辯的時候，他對李大釗所提出的一切問題均需根本解決的質疑，以及他所堅持對個別問題——無論它們之間如何相互關聯——仍要個別不同對待的看法，則純正地顯示著，正如史華慈（Benjamin I. Schwartz）所說，「自由主義永久性真理之一」。

　　然而，中國當時由各種勢力相互衝擊所造成的歷史環境，卻使胡適的意見看來並不相干，自然也就無法實現。在這樣的光景下，他的意見便漸次失去了「市場」。當時的歷史環境使許多知識分子更被激進的意識形態所吸引，因為他們覺得激進的意識形態所提出的解決問題的辦法才是真正切實的，才真正能夠解決中國的問題。這也是李大釗對馬列主義的能力的聲稱。易言之，他

認為唯有在接受馬列主義以後，中國的問題才能獲得解決。這一歷史情況提供了研討五四以後中國捲入政治與思想漩渦的具體證據。

二、胡適與李大釗的基本論式

「問題與主義」之爭肇始於胡適的一篇題作〈多研究些問題，少談些「主義」〉的短文。胡氏不同意他的朋友李大釗等在未經深究之前就草率地接受激進意識形態的作風（激進意識形態此處指無政府主義或馬列主義）。他寫此文的目的是對他們提出警告：不要把激進主義所提出的虛浮概說與抽象名詞當作根本解決中國諸多問題的靈丹。胡氏指出：所有的主義當初都是針對特定時空之內的特殊問題提出的具體建議。這些建議對它們所要解決的問題是否有用，或是否能夠從它們興起的脈絡中分離出來，以便拿它們來解決另一歷史環境中所產生的特殊問題——這些都是開放未決的，所以吾人不可遽然接受任何主義。我們最需要做的是，研究各項主義興起的特殊背景、它們所要應付的特殊問題的性質、以及它們究竟是否能夠真正解決那些問題。這樣我們便可站在一個比較堅實的基礎上來決定當我們試圖解決我們的問題的時候，哪些主義值得我們參考。

接受外來主義的工作無法取代對自己社會中眾多問題的理解所需要做的努力。如要了解自己國家的政治、社會、與文化中的問題，我們就先必須對這些問題的特殊性有清楚的掌握。當前「主義」變得很流行，這是很危險的現象。因為它們經由過分簡化的概說與抽象的名詞提供給中國知識文化一個幻象，以為根據這些

概說與名詞便可便捷地根本解決了中國的眾多複雜而特殊的問題。
胡適說：

> 我們不去研究人力車夫的生計，卻去高談社會主義；不
> 去研究女子如何解放，家庭制度如何救正，卻去高談公
> 妻主義和自由戀愛；不去研究安福部如何解散，不去研
> 究南北問題如何解決，卻去高談無政府主義；我們還要
> 得意揚揚誇口道，「我們所談的是根本解決」。老實說
> 罷，這是自欺欺人的夢話，這是中國思想界破產的鐵證，
> 這是中國社會改良的死刑宣告！⋯⋯主義的大危險，就
> 是能使人心滿意足，自以為尋著包醫百病的「根本解決」，
> 從此用不著費心力去研究這個那個具體問題的解決法了。

李大釗正確地感到胡適這篇文字主要是針對他最近公開宣稱信仰
馬列主義而寫的。李氏在1919年8月17日以一封長信的方式提出
了公開的答覆。他說：

> 我覺得「問題」與「主義」，有不能十分分離的關係。
> 因為一個社會問題的解決，必須靠著社會上多數人共同
> 的運動。那麼我們要想解決一個問題，應該設法使他成
> 了社會上多數人共同的問題。要想使一個社會問題，成
> 了社會上多數人共同的問題，應該使這社會上可以共同
> 解決這個那個社會問題的多數人，先有一個共同趨向的
> 理想、主義，作他們實驗自己生活上滿意不滿意的尺度
> （即是一種工具）。那共同感覺生活上不滿意的事實，
> 才能一個一個的成了社會問題，才有解決的希望。不然，

你儘管研究你的社會問題，社會上多數人，卻一點不生
關係。那個社會問題，是仍然永沒有解決的希望；那個
社會問題的研究，也仍然是不能影響於實際。

上文清楚地顯示了李氏接受馬列主義的理由並不在於它的真
理性，而是基於它能夠提供工具性效果的考慮。然而，關鍵則是
主義的工具性卻是由它的高揚的理想主義（或烏托邦主義）來提
供的。換句話說，李氏對於馬列主義是否在知識上提出了有關人
性、歷史、政治、經濟、社會的理性的真知灼見，興趣不大。馬
列主義之所以能使他很快地信服，是因為它底**烏托邦主義的政治
效用**。李氏認為提倡這樣烏托邦主義及其實現的方式，能夠導使
大多數中國人參與具有共同目標的政治運動。至於把作為目的的
烏托邦主義變為形成政治運動的手段——這一轉折——所呈現的
理論上與實際上的諸多問題，李氏不是沒有清楚地意識到，便是
並不受它們的干擾。

關於胡適對他不顧及實際問題的特殊性而高談主義的批評——
胡氏認為那只是空話——李氏答覆說：

我們只要把這個那個的主義，**拿來作工具**，用以為實際
的運動，他會因時、因所、因事的性質情形生一種適應
環境的變化。………在別的資本主義盛行的國家，他們可
以用社會主義作工具去打倒資本階級。在我們這不事生
產的官僚強盜橫行的國家，我們也可以用他作工具，去
驅除這一班不勞而生的官僚強盜。一個社會主義者，為
使他的主義在世界上發生一些影響，必須要研究怎麼可

以把他的理想盡量應用於環繞著他的實境。所以現代的
社會主義，包含著許多把他的精神變作實際的形式使合
於現在需要的企圖。這可以證明主義的本性，原有適應
實際的可能性，不過被專事空談的人用了，就變成空的
罷了。那麼，先生所說主義的危險，只怕不是主義的本
身帶來的，是空談他的人給他的。

李氏認為馬列主義可以做為解決中國問題的工具，它能夠為
了適應中國的環境，而做一些適當的調適。根據這樣的看法，李
氏認為當他指出中國的嚴峻問題需要根本解決而馬列主義能夠提
供根本解決的工具的時候，他已對胡氏的批評給予有力的反駁，
所以無需就胡氏的問題提出直接的答覆。

李氏的答覆並未使胡氏覺得他的看法已被李氏充分地理解。
胡氏認為李氏的答覆呈現了更為嚴重的問題。於是，他又撰就〈
三論問題與主義〉，再對自己的立場做進一步的說明。令胡氏特
別感到不安的正是李氏主要的論點：把主義當作發動社會運動的
政治性工具與認定一旦主義被接受與提倡以後，它的「本性原有
適應實際的可能性」。胡氏直指李氏的想法是「不負責任的主義
論」。從胡氏的觀點來看，李氏的主張只是呈現了他相信主義能
夠如此而已，這樣的信仰無法取代對具體而特殊問題的負責任的
研究與以開放心靈來找尋有效地解決問題的努力。胡氏並不反對
把各項主義當作解決問題的參考。不過，在胡氏把主義當作解決
問題的參考與李氏把主義當作發動社會運動的政治性工具之間有
一關鍵性的差異。李氏的立場使得他與他的戰友們在一旦接受某

一主義以後，必然會為了獲得政治效果而極力提倡它，即使它並不能有效地解決許多特定的問題。對胡適而言，這樣從政治觀點來信仰主義的辦法正足顯示其內在限制，因此它使切實研究具體特殊問題並謀求解決之道的工作受到了限制。

分析到這裡，我們已接觸到了這次論辯的核心。李氏認為在沒有達到經由革命而獲致政治上的基本變革以前，任何特定具體問題的解決，基本上是不可能的。而胡氏則認為，許多特殊而具體的問題不能由於政治革命便可獲得解決，因為政治革命由於其本身性質使然，一定會使以開放心靈來找尋許多具體問題的解決之道受到限制。胡氏說：

> 請問我們為甚麼要提倡一個主義呢？難道單是為了「號召黨徒」嗎？還是要想收一點實際的效果，做一點實際的改良呢？如果為了實際的改革，那就應該使主義和實行的方法，合為一件事，決不可分為兩件不相關的事。我常說中國人（其實不單是中國人）有一個大毛病，這病有兩種病徵：一方面是「目的熱」，一方面是「方法盲」。

在胡氏呼籲為了目的不可不擇手段（否則「手段」在過程中將變成了「目的」），所以目的與手段必須有其一致性的時候，一位中國自由主義者與一位中國共產黨創黨人之間的論辯均已相當充分地表達了自我立場。「問題與主義」之爭便也達到了盡頭。

三、中國烏托邦主義的異化

從以上的分析我們可對「問題與主義」之爭的含意做以下的陳述：

李大釗把馬列主義當做促進革命的工具來接受，乃是對中國自辛亥革命以來三重危機的歷史性反應。換句話說，處於中國傳統政治、社會、與文化秩序崩潰後的時代裡，人們感受到填補由三重危機所造成的「真空」的迫切需要。我不相信歷史有甚麼必然性，但客觀歷史的趨勢性是可以理解與分析的。李氏坦然承認他之所以接受馬列主義，主要是因為它的高度理想主義（或烏托邦主義）給他與他的戰友們提供了一個把大多數中國人組織起來參與革命運動的工具。所以，我們可以說，一種政治上的現實主義導使他接受了馬列主義。後來的歷史發展充分證實李氏政治性的決定是正確的：一場政治革命的確由於李大釗與他的戰友們介紹與肯定馬列主義而產生了。

至於這場政治革命是否能切實地「根本解決」中國眾多而複雜的問題，那完全需要另當別論。過去的歷史證實李氏的希望已經落空。李氏的政治現實主義乃是空洞的或形式的政治現實主義。胡適對「主義」的批評現在反而可以給予正面的評價。

然而，在五四時期與後五四時期中國的歷史條件中，卻沒多少資源來拒抗馬列毛式的共產革命運動所做的，它具有真實地根本解決中國問題的本領的聲稱，尤其當此一聲稱以高度理想主義（烏托邦主義）的姿態出現的時候。

　　我在這裡所要特別強調的是：李大釗所發端的，把烏托邦主義當做發動政治革命的工具的思想，實是中國**烏托邦主義異化**的濫觴。當烏托邦主義被提倡與肯定到能夠發動政治革命的時候，它相當簡易地轉變得背斥自己了。自李氏倡議接受馬列主義以來，「主義」變得愈理想化，愈激進，便愈能成為革命政治工具，也愈能動員群眾，革命領導人便也愈有聲望與權力。革命領導人愈有聲望與權力，便愈自我膨脹、自以為是（換句話說，便愈易腐化，愈易濫權），也愈可對自己的政治行為不負政治責任。在這樣的情況下，受這樣領導人領導的革命活動便愈與當初的理想背斥或異化了。

　　在中國社會中，本來沒有多少強力的「社會共同體的認同」（corporate identities），「民間社會」（civil society）甚為貧弱。公共利益不易由「社會共同體」表達。因此，公共性利益經常由「目標導向」（goal-oriented）而非「規則導向」（rule oriented）的政治界定。職是之故，社會中沒有多少排拒「烏托邦主義異化」的資源。「烏托邦主義異化」的結果是：目標愈理想化，政治活動便愈不切實際、愈空洞化。然而，當政者卻以為目標愈理想化（愈大、愈猛），便愈能動員幹部與群眾，也就愈能辦事。這一症候群可稱為「空洞化的政治現實主義」。從「大躍進」到「文化大革命」，甚至到鄧小平的「價格闖關」，雖然它們之間有許多不同，卻都呈現了這一「空洞化的政治現實主義」的傾向。它實際上蘊涵了自我毀滅的傾向。

中國國家社會主義下知識分子的角色

金耀基

一、知識分子與共產革命

晚清以來，中國屢屢遭受西方帝國強權侵凌，中國的知識分子因而熱切投身於尋找國家富強之道。1911年辛亥革命建立了亞洲第一個共和國，但卻未能成功地創建一個現代國家。五四新文化運動可說是中國版的啟蒙運動，旨在將個人從孔教與封建的社會文化宰制中解放出來。西方自由主義式的口號「民主」與「科學」被相當可觀的一群知識分子和大學生熱切擁抱。應該指出的是，當時中國所面對的是一個所謂的「全面危機」（total crisis）。根植於個人理性（individualist reason）的西方自由主義在激進的知識分子眼中不像立根於集體理性（collectivist reason）的馬克思主義更有說服力。在當時，馬克思主義被認為能夠對中國的一切疑難雜症提供一劑治本之方。1917年布爾什維克的革命，帶給非西方世界的是一個馬列主義理論的一個歷史性證言，同時也帶給了中國激進的知識分子一個充滿著民族救亡希望的革命訊息。其實整體來說，中國的知識分子不論是激進的、抑或自由派的，

※本文由李福鐘譯為中文，經作者過目。

一般毋寧較關心於集體的民族國家的救亡，而非啟蒙式的個人解放。因而一點也不意外的，就像在其他亦是疑難雜症纏身的國家一樣，馬克思主義最後終於成為中國知識分子的「鴉片」（借用法人Raymond Aron語）。二十世紀初期知識分子言論的激化使得「後五四」（post-May Fourth）一輩的知識分子不再熱烈地認同於1911年的革命或是五四新文化運動，反而轉向俄共的1917年革命。他們醉心於馬克思主義革命，以期為整個中國世界帶來徹底的改變。

以無產階級為名開始其革命事業的中國共產黨，幾乎算不上是一個無產階級的政黨。事實上，中共毋寧是一個知識分子的群集。黨的幹部，尤其是高層幹部，更顯然地是知識分子。然而反諷的是，即使共產中國的統治菁英盡皆是知識分子幹部，中共歷來的十五次主要政治運動中倒有十四次是以知識分子為矛頭的，唯一的例外是抗美援期。而十四次運動中更有九次主要目標是知識分子，中共之反知識分子運動以1957年的反右鬥爭為分水嶺，而1966至1967之際的文化大革命則達到最高潮。中共狂熱的反智主義（anti-intellectualism）自然可以歸咎於毛澤東個人對知識分子深切的不信任感（毛曾說過知識分子之所以接受社會主義是因為「他們別無選擇，只好接受，但在他們心裡並不真的信服」〔譯註：依英文原稿直譯〕），然而更重要的，中共的反智主義必須歸結到1949年以來中國國家社會主義（state socialism）結構上的性格。

二、國家霸權下的知識分子

　　中共的意識形態是馬列主義。在馬列主義之下，共產中國期望建立的是一個全面性的國家（a total state）（在這個全面國家中，「國家」籠罩並等同於社會。毛澤東將馬克思主義中國化，就像列寧將馬克思主義「非西方化」一樣，都是一種東方專制傾向壓倒西方民主傾向的勝利。1949以後，毛澤東成功地建立了一個在某種程度上是專制帝國所無從想像的國家霸權（state hegemony）。在這裡，國家已與帝國時的普遍王權沒有什麼差別，享有一種史華慈（Benjamin I. Schwartz）所說的對社會文化生活各層面無所不包的統轄權，因而，中共的統治，特別在文化大革命時期造就了一個附屬於國家的社會。在文化領域中，毛澤東統治下的中國的印記，無疑是極權主義，而非多元主義。大部分的中國知識分子，特別是那些幹部知識分子，總抱持著一種政治理應統理文化與社會的傳統之國家主義的信念；他們認定自己就是那個命定的歷史性族群，承擔著轉移中國文化與政治、社會、經濟等結構的使命。在黨國霸權之下，知識分子盡皆被收編進黨國官僚體制中。事實上，所有的中國知識分子都成了各式各樣的國家雇員。因而，論者所說：「在當代中國，如果你不是某種建制內的知識分子，則你根本就不能算是知識分子。」這句話實在是合乎事實的描述。嚴格來講，在中國的國家社會主義下根本不可能有勞勃・莫頓（Robert Merton）所謂的「無所依傍的知識分子」（unattached intellectuals）。著名的知識分子，包括過去那些獨

立的五四一輩知識分子如吳晗、鄧拓，在1949年之後，都成為建制內的知識分子。《詩經》中所謂「率土之濱，莫非王臣」拿來形容中國國家社會主義下知識分子的處境似乎更為貼切。在帝國時代，知識分子尚有一種隱士傳統，但在國家霸權之下，要做一避世高蹈、息影山林的隱士也不可得了。

在上述的結構情況下，以二分法式的概念來分析黨國與知識分子間的利益關係將是不夠的。的確，在某個層次上，我們可以說黨國與知識階層是衝突的。然而在另一個更深的層次看，許多研究顯示知識分子與掌權者的政治派系之間往往維持著複雜的聯盟關係，以某種上下統屬的雇主——代理人（patron-clientele）形式存在著。當政治領袖間發生了衝突而未能私下解決時，衝突便衍發為微妙斯文或劍拔弩張的爭論，公然地在符號、小節、與暗喻等的掩護下進行。參與論爭者都是知識分子，由於領導人不願彼此撕破臉，因此由他們權充代理人。

三、知識分子和他們的批判

當然，建制內的知識分子並不必然就永遠依附或盲從於建制本身。像在帝制時代一樣，共產中國之下也一直不乏對體制嚴加批判、風骨崢崢的知識分子。事實上，在共黨統治的四十年內，體制內一直有一批特立獨行的知識分子不斷地在對信念的忠誠與對政治權力的忠誠間掙扎著。就某一方面而言，這種緊張性深深植入他們作為政府官員與知識分子的雙重角色中。無異於過去的典型儒家學官，這一群知識分子亦認為他們扮演的是真理的監護

人或群眾的代言人這樣的角色，以是，他們毫不隱晦地批判官僚系統或者個別官員的缺失舞弊。值得一提的是他們所批判的是由體制所產生的缺失，而不是體制的本身，在過去（1989天安門民運之前），具影響力的批判者如白樺與王若水，皆將他們的批判集中在政府官僚機構上，而非指向國家。劉賓雁所提倡的「第二種忠誠」指的就是忠於體制，或者是體制的理想。的確，以馬列毛主義為意識形態內涵、黨國為制度表現的這一「體制」，是不容也極少受到批判質疑的。總言之，批判性的知識分子群仍然只能在一個嚴格的機制框架中活動，這個框架是由黨國系統經歷整個五十、六十，甚至七十年代，所建立起來的。

　　在五十年代後期的百花齊放期間，由知識分子身上所引出的批判主義的勢頭，遠遠地超出了毛澤東所期望的，或能夠忍受的程度。但事實上，這些批判論點的內容並未真正達到質疑、挑戰，更不用說否定整個體系的地步。像典型儒家的學者官僚們一樣，他們強有力地詮釋了存在於體制理想與政治現實之間的鴻溝。他們所從事的正是匡正黨國的領導人的錯誤作為，或是阻止體制內偏差（極權的）傾向。必須強調的一點是：不同的知識分子陣營之間所存在的政治論爭不止彰顯他們對現實所抱持的衝突性觀點上，同時還牽涉到所謂的「兩條路線的鬥爭」。「兩條路線的鬥爭」可以是知識分子之間一個意識形態上生死以之的衝突。簡言之，這是一個關於誰才是真正馬列主義合法繼承人的意識形態論爭。共產中國之自我合法化，正和其他由共產黨統治的社會主義社會一樣，亦根源於馬列主義。用傳統中國人的說法，馬列主義作為一種意識形態可以視為是共產黨國體制中的「道統」。共產

中國的政治與意識形態絕對密不可分，屬於一種意識形態政治
（ideological politics）。因而權力鬥爭往往在「兩條路線的鬥爭」
中找到意識形態的表現方式。參與鬥爭的知識分子有時真的相信
他們對馬列主義的詮釋是最正確的版本，而其意識形態的對手則
是某一類的修正主義。對這些捲入「兩條路線鬥爭」的知識分子
而言，其所爭議的並非自己是不是忠於「體制」或「道統」，重
要的是什麼才是真正的體制或真正的「道統」。一直到四人幫倒
台前，批判性的知識分子所做的種種批判，並非旨在反對這個「體
制」，而在於促使這個體制忠於它的「道統」。同樣的情況亦發
生在1966至69年間的文化大革命，以及1976年毛澤東死亡之時。
分裂的領導階層往往也造成知識分子群產生分裂，並促使他們結
成互相敵對的意識陣營。當某一陣營的領袖勝利了，則其下的人
馬便進入權力核心。文化大革命時期當毛澤東成為唯一的領袖時，
一班狂熱的知識分子頓時雞犬升天，然而在毛死後，他們便又紛
紛垮台而被擠到權力的邊陲。

　　值得一提的是，在意識形態論爭的過程中，固然浪費掉許多
知識性的資源，然而有時候亦使得像中國這樣一個現代化中的國
家所面對的基本課題——如怎樣才是合理的中國發展之路——得
以在尖銳的論辯中顯露出來。

四、知識分子與後毛澤東時代的現代化

　　馬克思並沒有為知識分子階層提供理論的依據。在「人民專
政」理論下的共產中國，知識分子的階級屬性亦不曾客觀地定義

過。實際上，有時候知識分子與工農一起皆被歸類為所謂的「人民」的一部分，但另一個時間可能就被標籤為人民的階級敵人。在整個毛澤東的統治期間，由於他對知識分子深切的不信賴，使得知識分子成為每次政治運動的眾矢之的。不論是「思想改造」的群眾運動或是意識形態洗腦，一次又一次皆是針對知識分子的再教育與改造而發動。毛澤東1942年著名的「延安文藝座談會上的講話」為一般的知識分子與黨國之間，特別是作家和藝術家與黨國之間的緊張關係，定下了基調。從大躍進到文化大革命毛澤東所統治的這段時間，是一個反智主義當道與文化貧瘠的時期。成千的知識分子遭受侮辱、迫害，或是被迫自殺。中國的知識生命與文化創造力所受的傷害誠然其此為甚。科學家們，尤其是那些從事國防工業者，可能是知識分子中專業自主性受到相當保護的唯一類型。在毛澤東極權統治下的中國，沒有其他哪一類型的知識分子能夠維持其自尊。像吳晗自我認罪為無產階級的階級敵人，以及鄧拓的自殺，或許太過於戲劇性而不適合視為典型，然而卻可以看作是批判性知識分子命運的徵兆。

自從1978年鄧小平四個現代化的計畫推展以來，不容否認的事實，知識分子的命運產生了重大的變化。1957年曾被打成右派的五十萬名知識分子得到平反。在理論上，作為思想工作者的知識分子被重新劃定為勞動階級中的一個組成部分。由於被提升為新的國家意識形態的四個現代化計畫急切地需要知識分子的專業知識與通力合作，因而知識分子的地位獲得了顯著的提升。然而真正的角色和地位的改變只能夠發生在黨國與社會的關係也產生變化之下。十一屆三中全會之後，政治逐漸從經濟、文化和社會

的領域中退出，這代表了在文化大革命時期達到高峰的、國家不斷滲透、干預支配社會的一個漸長的趨勢，終於開始倒轉。

　　八十年代初期，黨國體制的最高領導人像胡耀邦與趙紫陽，都是熱心的改革派。靠著鄧小平的實用主義為後盾，他們積極地尋找從內部復甦這個體制的路徑與方法。從一開始改革派的領導人物就獲得了不論是權力核心之內或之外的知識分子衷心的支持。如實的說，也唯有藉著知識分子的通力合作，毛澤東主義的「去激進化」甚或馬列主義的「褪神祕化」才有可能。在胡耀邦任總書記與趙紫陽任國務院總理期間，中國知識分子與黨國官僚系統之間的「親密關係」唯有東歐六十年代的知識分子和官僚體系之間那種關係才差可比擬。中國的知識分子，無論具有批判性格與否，普遍都相信共產體制的改變只有透過中國共產黨本身，並與之合作方能達成。的確，通過改革派領袖與現代化知識分子的緊密合作，在八十年代的大部分時間，我們看見了在生活的大多數領域中產生了一個影響深遠的轉變。經濟領域內的「去集體化」、私有化、與民生用品化的趨勢解放了巨大的社會力，並在相當程度上改變了一般民眾的動機結構，這顯然有益於民間社會（civil society）或準民間社會的出現。到1987年底為止，出現了二百二十八萬個私營企業。中國的「國家社會主義」中第一次出現了自主性的社會組織。「北京四通集團」的電腦公司就是一個重要例子。四通創立於八十年代早期，到1987年時已成為最大的一家私營公司。另外由嚴家其、包遵信與其他知識界人士所組成的北京知識分子協會，以及工人北京自主聯盟也都是適切的重要例子。必須承認，民間社會在中國大陸仍只是初具雛形而已，至於任何

不屬於黨或國的力量是否能夠在現存黨國權力架構之外提供另一種選擇，則仍是值得懷疑的。然而像金觀濤、嚴家其、方勵之等知識分子所建立，在中國仍屬於新穎的「民間論述」（civil discourse），其重要性實不能忽視。論者認為「這代表了即使意識形態權威仍舊存在，然而其中政治與社會規範不再被視為絕對，而是可以質疑、討論，甚至拒絕的」。自1949年以來，批判性的知識分子從不曾有過這麼多的「公共事務面」——即使仍然限制重重。在他們的「民間論述」中批判的不再僅限於官僚系統或官員的缺失錯誤；批判性的知識分子們已開始質疑、批評，甚至挑戰「體制」本身了。的確，他們公開挑戰自考茨基（Kautsky）以來即被視為馬克思主義藍圖設計之一部分的中央統制經濟。

八十年代批判性的知識分子自覺地推動他們稱為「新啟蒙運動」的計畫，與五四時代的知識分子類似，他們大多亦是反偶像（iconoclastic）、反傳統的。他們的批判包羅萬象，有時是全面性的。更甚者，他們亦認為問題的根源在於文化領域。與五四運動的前輩相比，兩者的差別只在於五四攻擊的是孔教，而他們抗拒的是馬列主義。毫不意外，像方勵之、王若水、劉賓雁這樣的批判性知識分子自然不容於黨國，他們與黨國的決裂因而變得十分徹底。的確，今日中國大陸批判性的知識分子仍逃不開啟蒙與救國之間的緊張性，然而當代的知識分子們並不準備像他們二十世紀初期大多數的前輩那樣，為了救國而犧牲啟蒙。由於黨國體制沒有意願在進行經濟改革的同時亦從事相應的政治改革，引起了體制內極大的緊張。1989年的民主運動與其稱作是中國共產體制合法化危機的原因，還不如說是其結果。黨國與大學生、知識

分子以6月4日流血鎮壓作為收場的遭遇，對於中國現代化中的知
識分子與一個正進行改革的國家社會主義而言，都是其大的悲劇。

二十世紀中國知識分子的自覺問題

墨 子 刻
Thomas Metzger

> 耗矣哀哉。吾中國人無國家思想也。其下焉者,惟一身
> 一家之榮瘁是問;其上焉者,則高談哲理以乖實用也。
>
> ——梁啓超,〈新民說〉第六節

誤導的批評①

　　盡可能地擴大自覺或批判意識是每個知識分子乃至每一個人的難題,這個問題也是古代荀子所謂「解蔽」而「知道」的工夫。依知識分子的定義,知識分子正是人類中最能「解蔽」的人,可是因為「人心之危,道心之微」(《荀子·解蔽篇》),所以古今中外的知識分子常常掉入一個陷阱之內,即是把批判性集中到某些問題,而忽略另外也應該針對的挑戰。結果,他們不但談到當

---

①拙文承友人黃克武先生的改正,特此致謝。然而,因為時間的關係,他不能把大鼻子的中文完全修改。請讀者原諒。

代的問題，而且常常自己變成這些問題的一部分（ part of the problem, not part of the solution）。因為他們的言論會把一些關鍵性的問題蔽障起來。所以外國人有一個有趣的說法：「醫生先生，假如你沒有辦法把自己的病治好，你怎麼去幫助別人？」（ Physician! Heal thyself! ）

托爾斯泰認為家庭中不愉快的情況是因家庭而異；自覺問題也一樣，是因文化歷史而異。這裡我這個外國人要拋磚引玉，試談二十世紀中國知識分子的自覺問題。

中國知識分子的批判意識當然很強。從墨子批評孔子與孟子批評楊朱、墨子以來，中國知識分子經常蔑視當代的思潮，而二十世紀中國知識分子也不例外，五四運動也好，新儒也好，他們都對所有二十世紀中國知識分子在歷史上的表現，評價不高，覺得近代中國的學問還不能處理這個時代的挑戰。這就是二十世紀中國知識分子對自己的失望感。

相反地，他們對於在中文書籍雜誌中橫行闊步的歐美聖賢如韋伯、柯羅柏、克羅孔、艾森希塔、貝拉、哈伯瑪斯、傅柯和伽德瑪之流，卻充滿了羨慕之情。尤有甚者，對於許多中國學者而言，那些西方權威非但是主要的學者，更是評價中國文化的最高法官；他們的評估可以決定中國文化的價值以及其生死存亡：「儒學在二十世紀是否有生命力，主要取決於它是否能夠經過紐約、巴黎、東京，最後回到中國。」[2]

------

②杜維明，《儒家第三期發展的前景問題》（台北：聯經出版公司，1989），頁24-25，45，47，68。

　　然而，這種評估不一定有道理。如果要談高超的道德理想主
義與博大的學問，更深入的分析探索差異巨大的文化深層基礎，
或要深入地了解世界各種互有衝突的方法學與哲學，那麼我們不
容易找出一個其表現能夠超過二十世紀中國知識分子的學術界。
誰能夠斷言韋伯的頭腦比梁啟超更為靈活敏銳？或以歷史學家而
言，誰能夠說湯恩比較錢穆更為博大精深？而海德格在談語言與
存在之間的關係時，比唐君毅更深入？杜威把他的知識從紐約帶
到中國，但是，在取決中國文化何處該保留，何處該揚棄時，
他比熊十力更能幹嗎？或許有人會說，評價中國文化的最高法官
應該是最了解西方文化的中國知識分子。但我們能不能說，馮友
蘭比熊十力，或者胡適比徐復觀更具有資格？

　　文化的演變或修改原來是一種取捨之間的選擇過程，而討論
取捨之時，外國人的意見當然值得參考。然而，即使歐美算是先
進國家，歐美知識分子的社會理論不一定能解決中國文化演變的
問題。何況，這些「取捨」的文化修改問題，原來是規範性的問
題，而今天英美思想家越來越以為解決這種問題的推理方式不能
以一些科學性或普遍性的標準為指南，因為這種規範性的指南，
只有在特殊歷史情況中自己遇到這些問題的人才有資格體會③。
同時，因為語言障礙的嚴重，所以外國人想要了解中國文化時，

───────────

③請參考：Richard J. Bernstein, *Beyond Objectivism and Relativism*
(Philadelphia：University of Pennsylvania Press, 1983), and John
Dunn, *Political Obligation in its Historical Context* （Cambridge：
Cambridge University Press, 1980), pp.143-299.

常常是毫釐之差，千里之謬。

　　中國知識分子那麼過分地看重紐約的評估能力，正反映了鴉片戰爭以來在「心靈和情感」上所受到的衝擊④。承受這些衝擊以後，不亢不卑地去修改自己的文化這種古今中外視為理所當然的工夫變成一個艱巨的挑戰。「駕於歐美之上」的目標和文人相輕的心態是常常讓中國知識分子在評估自己與外國人之時，過或不及。列文森很久以前注意到這種中國近代思想的特徵。這種心態也跟近代中國知識分子的「殘廢感」有關係，即是覺得西洋文化在歷史上的發展很正常，可是中國文化是人類歷史的「怪胎」⑤。

知識分子的批判意識也是批判的對象

　　中國知識分子仰慕紐約、洛杉磯、東京或莫斯科這種心態的淵源無論是甚麼，低估自己而崇拜別人當然不算一種自作主宰的自覺工夫。不錯，自覺的定義不明顯，而是個很少有人討論的問題。雖然如此，按照很多人的看法，有自覺的人會盡可能把自己意識裡面的觀念或預設挖掘出來，看看合理不合理，而同時考慮到一個最難處理的問題：合理的標準應該如何定義。這樣一來，一個原來好像只是個理所當然的規範可以變成一個頗有辯論餘地的說法。在這一方面，人類學的角度是不可或缺的：「一些你自

---

④關於這個衝擊，請參考杜維明，頁33-34。
⑤關於殘廢感，請看拙作，〈中華民國正負兩面評價與知識分子的自覺問題〉，《當代》63期（1991年7月），頁132-149。

以為是天經地義的真理，其實很可能僅僅是某種特殊文化時代的情緒反應。」⑥

連知識分子對自己角色的意象也需要加以分析評估，看看有沒有甚麼植於固有文化而不完全合理的「尊賢主義」或捕風捉影的烏托邦主義。古今中外的知識分子都愛互相批評，說某教授的看法沒有道理等等，然而，評估之際，其標準原本不合理，那麼，這種互相評估的活動，會不會加重當代思想混淆的困境？

我個人覺得當代知識分子的自覺特別牽涉到兩個問題。第一是關於知識分子在現代社會中的角色與能力。今天在中國與英美思想界關於這個問題有兩種最流行的看法，一個比較樂觀的，一個比較悲觀的。哪一個對很難說，可是有自覺的知識分子不能武斷地採用一個，而應該考慮到所有關於這兩個看法的理由，而盡可能地用理性來決定哪一個看法比較有道理。

第二，除了了解到這種樂觀主義與悲觀主義的區別以外，知識分子還需要考慮到牟宗三教授所謂的「曲通」問題。按照牟氏的看法，完全實行內聖外王的理想是需要「理性之架構表現」，即是實行經濟政治的現代化，而同時把現代化與內聖外王的神聖理想貫通起來⑦。這個跟章太炎的「始則轉俗成真，終則迴真向俗」與「外能利物，內以遣憂」的想法很像⑧。其實，章、牟兩

---

⑥杜維明，頁21。

⑦牟宗三，《政道與治道》（台北：學生書局，1980），頁51-56。

⑧王汎森，《章太炎的思想（1868-1919）及其對儒學傳統的衝擊》（台北：時報文化出版事業有限公司，1985），頁15-17。

位思想家這種看法相當合乎今天中外很多的思想，因為不少的知識分子都同意現代化是一方面環繞著工具理性（即俗）的現實需要，而另一方面則需要一種「道德性語言」（moral language）或「人文主義」作為文化社會的基礎。然而強調「曲通」的牟氏十分了解到把工具理性和人文主義相結合這種過程的困難。換言之，任何思想無論是抹殺「俗」的一方面或「真」的一方面，都沒有辦法「迴真向俗」。

「向俗」當然是用自然科學、歷史學等知識來了解現代化與民主化的現時需要。最近勞思光教授討論拙作而涉及此一問題時說：「我少年時原重視文化價值與病態問題，並不從現實需要的角度來談中國現代化。」⑨他這些話既誠實又正確，而且可以代表很多中國知識分子的想法。然而，這個想法有一點莫名其妙：我們怎麼能忽略現實需要而談現代化或中國應有的「路向」呢？假如不談現實需要，又怎麼能「迴真向俗」？更何況，文化這個觀念本身不就是兼顧了真與俗嗎？

這裡的問題在於「俗」的內容。假如「俗」很直接地反映「真」，那麼「向俗」的方法很簡單，只需要實踐的工夫，此即牟氏所謂的「直通」。然而，世界最近四十年的歷史卻證明牟氏「曲通」的看法是很有道理的，即是「俗」不會直接地反映「真」，而且其中一部分不容易配合「真」。這就是下面所提到的三種多元主義或三種市場。所以怎麼把這三種多元主義跟社會最神聖的規範

⑨勞思光，〈關於台灣的「正負評價」〉，《當代》64期（1991年8月），頁149。

結合起來是中外當代知識分子所面對的一個難題。

至於本人的看法則很簡單：就很多當代中國知識分子而言，自覺問題是因為「向俗」的工夫不夠，同時他們採取武斷的太樂觀態度面對自己的能力以及知識，而且，這兩者有其「內在邏輯」上的很密切關係。

樂觀主義與悲觀主義：兩種關於知識分子本質的想法

按照定義，知識分子是人類中最能使用抽象知識的人，即是最能「全面深入的反思者」。然而，除了「比一般人更善於使用象徵形式」⑩ 以外，知識分子有沒有比別人更具有把握理性道德的能力？換句話說，假如一部分知識分子正是這種把握理性道德的開明分子，那麼人類有沒有一些客觀的標準以確定哪一些知識分子是開明的，哪一些不是？依此把人類分成「先知先覺」者，「後知後覺」者，以及「不知不覺」者這一類的上下秩序？

關於這種問題，英美思想的主流比較悲觀。「善於使用象徵形式」的人不一定能把握理性道德，反而，按照雷蒙・艾宏（Raymond Aron）《知識分子的鴉片》（*The Opium of the Intellectuals*），歐美最敏銳的知識分子很多受馬克思主義所引誘的。**John Dunn**則強調他們很多被社會政治科學一些不合理的觀

---

⑩葉啟政，《社會、文化和知識分子》（台北：東大圖書有限公司，1984），頁91-92。

念所引誘的。不錯，Dunn反對過分的平等主義，即不分軒輊的看重賢人與庸人的意見；然而，他跟約翰・穆勒（John Mill）一樣，強調人心有很容易犯錯的毛病（fallibility），而覺得社會的開明分子不容易確認。他說：「有道德性的問題，也有實際性的問題，可是無論是甚麼樣的問題，我們沒有客觀的標準來詳細地確定哪一個群體在了解哪一個問題上最有資格。」[11]

　　當代中國知識分子則對上述的問題比較樂觀。上引孫中山關於社會中上下秩序的看法，即是一例，而且也有代表性。大家都知道孫先生要以「真平等」的原則來改造社會，即是以「聖、賢、才、智、平、庸、愚、劣」的社會秩序來建立一個「賢能政府」。最重要的，中國知識分子很少說孫先生這個看法沒有辦法落實，因為人類沒有客觀的標準來確定誰是賢人，誰不是[12]。中國思想界幾乎沒有以此批評孫先生，這個事實很有意義。沒有這種批評的情況就是證明孫先生此一看法很有代表性。

---

[11]John Dunn, *Western Political Theory in the Face of the Future* (Cambridge：Cambridge University Press, 1990), p.133.

[12]比方說，王爾敏教授討論到孫先生思想這一方面，而沒有批評它不實際的方面。請看王氏的〈孫中山理想中的現代中國〉，《國史館館刊》復刊第十期（台北，1991），頁16。像王氏一樣，很多中國知識分子不批評孫先生這種觀念，是很有意義的。這證明孫先生這些沒有受批評的觀念頗有代表性。朱浤源教授有批評孫先生思想不夠實際的看法，可是按照我所看到的文章，朱氏沒有把孫先生的「賢能政府」觀念這樣批評，而沒有把孫先生的「政權」、「治權」區別這樣批評。請看，朱浤源，《同盟會的革命理論》（台北：中央研究院近代研究所，專刊五十號，1985）。

　　杜維明教授是另一個例子。他很強調中國的將來應該依賴「中國知識分子一脈相承的『群體的批判的自我意識』」。杜教授跟徐復觀一樣是涇渭分明般的區分有道德意識的知識分子與「政治化」的知識分子⑬，而一旦實際上看到一位知識分子，他有辦法確定哪一個是屬於哪一類。

　　葉啟政教授的看法也很類似的，他是一位社會科學家，同時也是受到新儒的影響。他首先把知識分子與兩種其他的精英分子加以區別，說知識分子的「社會資源」是「知識」，「政權擁有者」的「資源」是「權力」，而經濟性精英分子的「資源」是有「物質利益」的東西⑭。知識分子的「知識」包括「科技知識」與「文學」或「神聖性知識」，而這兩種知識是「精緻文化」的兩面⑮。所以知識分子是「創造」和「修飾」「精緻文化」的人。

　　按照葉氏的看法，知識、權力和物質利益這三種「社會資源」「都是人在社會中生存所必需的」⑯。可是在文化道德理性上，其價值並不平等。在文化方面，除了知識分子以外，社會的文化只有一些「通俗」或「粗俗」的「中級文化」與「低級文化」而已，而只有知識分子才有「精緻」或「優秀文化」⑰。同時政權擁有者一定會「維護既得權益、權威的尊嚴，和意識形態的完整」⑱。雖然一部分的知識分子也是「對政權採取妥協，乃至完全屈

---

⑬杜維明，〈自序〉，頁5，10，91。

⑭葉啟政，頁107-109，122，146。

⑮同上，頁146-148。

⑯同上，頁109。

⑰同上，頁146。

服的態度」或偏到一種保守的或不關心社會問題的「冷漠性」態
度⑲，知識分子的取向原來是「肯定理性的個人主義」，而知識
分子一部分「具有強烈道德勇氣和社會責任意識的可能」。這種
知識分子能「忠於理想」而維持「批判性」的態度⑳。所以按照
理性道德以及文化價值的標準，這種知識分子是社會的開明分子。
社會工業化之後，這些開明分子與「冷漠性」或妥協性知識分子
的比例常有改變，而反映很多新因素，像西洋的民主思想，大眾
媒介的興起，經濟成長所需要的功能理性與科層制度等㉑。然而，
無論在工業社會還是農業社會中，有一種比其他人更能把握理性
道德的開明分子，而葉教授好像覺得他實際上有客觀的標準以確
定哪一些知識分子是開明的，哪一些不是。假如他不能這樣地確
定的話，上述對開明與不開明知識分子的分類方法有什麼用？

　　然而，這種標準到底有沒有？比方說，因為商人與農人都有
客觀的特徵，所以我能證明李先生是農人，而王先生是商人。然
而，要證明李先生的看法比王先生的看法開明，我們能不能以這
種客觀的特徵來確定？關於這個認識論的問題，有樂觀與悲觀性
的回答。葉、杜兩位教授跟很多中國知識分子一樣傾向樂觀，似

---

⑱同上，頁122。

⑲同上，頁126，148，162。

⑳同上，頁124-125，127。楊國樞教授對知識分子角色的看法很類
　　似：「在平常時期，知識分子是社會的良心；在特殊階段，知識
　　分子是社會的砥柱。」請看楊國樞，《開放的多元社會》（台北：
　　東大圖書股份有限公司，1985），頁150-151。

㉑葉啟政，頁155-168。

乎覺得道德性的區別跟職業性的區分一樣客觀和明顯，可是英美
的思想主流卻傾向悲觀，常常覺得道德性的判斷是有主觀化的危
險，而不可能完全超過主體的歷史情況與利害關係[22]。所謂「不
顧一切」藐視金錢或勢力的知識分子，不一定對聲望與地位沒有
興趣。荀子在〈解蔽篇〉中說得很對，人有各式各樣的成見。「人
心惟危，道心惟微」，而知識分子怎能例外？換言之，按照英美
比較悲觀的認識論，連知識分子的道德性判斷也很容易跟成見交
織在一齊。

樂觀主義與悲觀主義：兩種對政治知識的想法

　　關於人所能得到的政治知識，中國學術界的主流也比英美要
樂觀得多，而中國知識分子很少自覺地考慮到悲觀主義的理由。
關於政治或規範性的知識，古今中外的知識分子直接或間接地針
對四種問題。第一，這種知識是不是包括普遍性而很明顯或詳細
的客觀標準以確定一個文化應該發展的路，哪一條路正確，或者
這個文化哪一部分正常，哪一部分是病態？第二，談文化問題之
時，實行完美的文化是不是合理的目標？跟這個問題有關係的是
研究文化的方法，即是，規範性與描寫性的方法，哪一個對研究
文化比較有用？第三，有關知識構造的問題。也就是說，跟研究

---

[22]關於英美認識論，請參考上面註③所提到的書以及拙作"Some Ancient
　　Roots of Modern Chinese Thought," in *Early China,* vol. 11-12
　　(1985-1987), pp.61-117.

文化很有關係有各式各樣的關於認識論、自然科學、本體論、歷史、道德、政策問題等等的知識或意見。問題在於我們到某種程度能夠把所有這些原來很支離的觀念貫通起來，變成很有系統的體系？第四，無論這種體系是否人類所能找到的，文化的演變與國家的存亡是否依賴知識分子的工夫？知識分子在歷史上的影響力大不大？即使他們盡可能地出於好意，知識分子能不能「毅然以天下為己任」？

就這四個問題而言，英美思想的主流，都比較悲觀，覺得規範性的知識不可能跟科學一樣客觀，評估一個文化的標準很難確定，完美的文化不是很合理的觀念，建立一種完整的體系是不可能的，而知識分子對文化的影響力十分有限。中國知識分子則多半持相反的看法[23]。哪一個看法正確我們現在暫且不談。然而，所有有自覺的知識分子當然需要好好考慮關於這兩個看法的理由。而中國知識分子有沒這樣的自覺？

就第一個問題而言，很多中國知識分子覺得文化的演變應該有一個方向才是正確的。而這個唯一的方向可以很詳細地確定。然而假如我們接受這種看法的話，我們找不到一個及格的學說。換句話說，這個對文化演變的看法不一定配合文化演變的事實。

---

[23]請參考拙作"Continuities Between Modern and Premodern China," in Paul A. Cohen, Merle Goldman, eds., *Ideas Across Cultures* （Cambridge, Massachusetts：Council on East Asian Studies, Harvard University, 1990），pp.263-292；〈從約翰彌爾民主理論看台灣政治言論〉，《當代》24期（1988年4月），頁78-95，以及上面註⑤所提到的拙作。

比方說，1935年十教授的〈中國本位文化建設宣言〉所引起的批評，多半來自於內容的不夠詳細，宣言中強調「應該吸收歐美之文化。但須吸收其所當吸收，而不應以全盤承受態度，連渣滓都吸收過來。吸收的標準，當然決定於現代中國的需要」，即是「此時此地之需要」。然而很多人批評，說「此時此地的需要是什麼，並未說明」。

同年，張君勱提到梁漱溟的《東西文化及其哲學》而說：「出版之時，已十餘年矣，國家之形勢愈危岌矣。凡念及吾族之將來者，莫不對於文化之出路問題，為之繞室徬徨，為之深思焦慮。」[24] 而且，到現在為止，中國知識分子還是為文化問題「深思焦慮」。

然而，這樣處在「深思焦慮」之時，中國知識分子尋找甚麼？假如尋找的是關於「此時此地的需要」，一種既詳細又完整的定論，他們是不是尋找不可能存在的東西？文化發展這個過程，怎麼有這種預定的藍圖？何況社會各階層的看法不同，而決定「取捨」之時，人人都有某種程度的自由。同時，關於文化演變或社會問題的觀念，有事實性的知識，也有規範或應然性的觀念，而這些知識或觀念不一定都能跟自然科學一樣地客觀或精確。這樣一來，我們怎麼對文化的演變建立一個既客觀又詳細的標準，而十二億人的社會怎麼只有一個文化發展的方向而已。不錯，文化發展還是需要一種一般性的方向，像「繼往開來」這個口號。然而，這種比較籠統的方向，不正是十個教授、孫中山、梁啟超（在

---

[24]胡秋原，《一百三十年來中國思想史綱》（台北：學術出版社，1980），頁142-144，149。

〈新民說〉）以及不勝枚舉的中國人所孜孜不倦地強調的嗎？總
而言之，假如要找到一種既詳細又完整關於文化演變的公式，我
們好像在尋找一個不可能找到的東西。

　　勞思光教授對於這些認識論問題也有很樂觀的看法。他很有
自信地比較了知識分子關於社會問題的知識與醫生關於病態的知
識，最近在談到本人與陳其南教授的辯論之時，勞思光教授反駁
本人對台灣正負兩面應兼顧的說法而說：「陳氏原旨是在檢查台
灣的社會病態：正如一個醫生在診病的時候，他主要的任務是要
指出受診病人的器官機能有帶菌不正常的地方需要如何診治，而
不必列舉那些正常無病的地方。」而且，在講「中國之路向」之
時，勞教授也強調這個醫學的比喻[25]。

　　我們當然能從很多方面談到這個比喻。例如，醫生是不是只
注意到病癥而已，而不考慮到病人整個的體格？即使醫生只注意
到病癥，針對社會問題的知識分子應該模仿他嗎？還是應該把社
會所有的得失盡可能地用客觀方法加以分析？哪一個評估社會政
治的方法最能讓輿論開明化，讓政府改進？

　　然而最重要的是醫生關於病癥的知識與知識分子關於文化的
知識是不同的。醫學到某程度是以自然科學為基礎，可是研究文
化的學者沒有那麼客觀的方法學（methodology）。尤其是在醫
學方面，知識的對象與知識這兩個東西是分開的。這就是說，很

---

[25]勞思光，〈關於台灣的「正負評價」〉，頁148，以及勞思光，《
　　中國之路向》（香港：《當代》尚智出版社，1981），頁5-6。其
　　實，《中國之路向》的醫生是「了解傷者的傷勢和整個健康狀況
　　為依據」，而不只看負面而已。

多癌症患者自己缺乏有關癌症的知識，而很多具有癌症知識的醫生，自己沒有癌症。可是中國文化與一位中國知識分子關於中國文化的知識不會那麼分開的，反而常常會糾纏不清。同時外國漢學家的知識常常與一些西洋文化的成見糾纏不清。

勞教授的醫生比喻也牽涉到怎麼研究一個社會或文化的問題，即是規範性與描寫性方法之問題，勞教授和很多中國知識分子一樣完全是用規範性的方法，即是覺得評估中國文化的標準既客觀又明顯，然後直接地確定中國文化這一部分是有「價值」，是「好」，是「正常」，是「文化的精華」，是「開放」的；而另一部分是「沒有價值」，是「不好」，是「病態」，是「封建遺毒」，是「封閉的」。

然而，這種規範性的方法與葉啟政的「忠於理想」的知識分子這個範疇一樣地牽涉到客觀特徵的問題。這就是說，「正常」、「病態」等的區分好像很明顯，可是我們一旦要以這種區別去評估事實，就馬上遇到麻煩。例如，祭拜祖先是個沒有理性的封建遺毒，還是個與理性配合而有宗教性意義的行為？

很明顯的，一個文化或社會哪一方面是正確，哪一方面是病態，要看用甚麼標準來評估。因此，如果標準不明顯而有辯論餘地的話，就不能馬上知道哪一部分是病態，而如果不知道哪一部分是病態，就不能說「我現在不要談正常方面，只要跟醫生一樣談病態」。

就是因為評估一個文化或社會這個問題那麼需要「全面深入的反思」，所以很多學者，尤其是英美學者，研究一個社會或文化，並不直接地用規範性的方法。無論這個社會是孔夫子的中國

或希特勒的德國，他們會以人類學的角度，盡可能地拋開自己的評估，而很虛心地描寫研究對象所有的特徵。描寫之後，才有辦法考慮到哪一個特徵是正常，哪一個是不可避免的毛病，而哪一個又是個非除去不可的病態。何況因為一個社會架構各方面的互相關係那麼複雜，在還沒有澄清那些關係以前，談病態更成問題。

　　然而，很多中國知識分子卻很自信地用規範的方法來直接地確定一個文化，哪一部分好，哪一部分不好，然後很樂觀地建立一個完美文化的目標。例如：杜維明教授說中國人「要發揚代表中華民族文化認同的優良傳統精神，要徹底揚棄在中國為害甚深的封建遺毒，要引進西方文化中最精彩、深刻的東西，同時也要認清與之俱來的一些浮面現象，清除一些必須清除的『汙染』」[26]。

　　然而，這種目標除了一種理所當然的善意之外，不一定有價值，因為一方面牽涉到上述的關於規範性方法的問題，而另一方面則有烏托邦主義之嫌。

　　除了這種很樂觀的文化目標以及對政治或規範性知識很樂觀的看法以外，很多中國知識分子對知識的構造有比較樂觀的看法。杜維明教授在談儒家傳統與西方文化的對照之時，已經注意到「在儒家的傳統中，本體論、認識論、道德修養是合而為一的」。而且杜教授很了解這種「合而為一」的看法與英美思想主流有衝突[27]。然而，有自覺的知識分子怎麼處理這個衝突？知識應該有甚

---

[26]杜維明，頁66。

[27]同上，頁120，請看下面「五種中國式的看法和三種多元主義的衝突」關於第二個預設的說法。

麼構造？儒家在這方面的看法合理不合理？其美知識分子多半強
調分門別類的工夫，像上面所提到的把描寫與評估文化盡可能地
分開那個主張，而常常不要直接地找到知識或思想的「大頭腦處」，
或「綱領」以建立一種體系。這種認識論跟中國古今的思想不同
嗎？還是殊途同歸？不同的話，哪一個角度合理？而「合理」又
有甚麼定義？有自覺的知識分子當然需要針對這個問題，而不能
只將創造體系之目標視為天經地義的真理。

最後，中國知識分子對自己的角色及其已有或應有的影響力，
也有十分樂觀的看法。然而，他們這個樂觀主義也是很成問題。
例如，葉啟政教授覺得古今中外的知識分子「對此『文化象徵』
擔當有『正當化』（legitimization）的任務」，而他們「在指導
和實踐整個社會的變遷過程中……往往居著決定性的地位」[28]。
然而，「正當化」的過程不一定如此。正當化是指國民的一些評
估制度的觀念或感覺。這些評估因社會階層而異。所以John Dunn
把這些評估性的思想或「政治理論」分成三種：官方理論（像官
方的三民主義）、知識分子的理論（像杜維明、勞思光或葉啟政
的思想）、以及「老百姓的理論」（像小市民的思想）[29]。那麼
「正當化」的過程很可能就是這三種理論互相影響或比賽的結果。
我們不能先天地決定知識分子的理論一定最有影響力。何況「往
往居著決定性的地位」的知識分子是哪一種？是有「道德勇氣」

[28]葉啟政，頁92,90,143。

[29]John Dunn, *Rethinking Modern Political Theory*（Cambridge:
Cambridge University Press, 1985）.

的知識分子？還是政治化的知識分子？後者的影響力怎麼跟政治核心的影響有清楚的區別？

　　這就是說，社會變遷的動力是甚麼？葉教授是把社會分成三個「群體」，即是知識分子、其他的精英分子（包括「政權擁有者」在內）、和「普遍大眾」[30]。可是按照他的文章，在社會變遷中，除了有「道德勇氣」的知識分子以外，誰都沒有創造性。

　　其實，東周社會變遷也好，宋代的都市化也好，台灣的現代化也好，在社會變遷中知識分子以外的創造性動力也重要。可能會有人說：雖然實際上知識分子以外的動力常常很重要，但有「道德勇氣」而「把文化問題全面深入地反思」的知識分子應該「居著決定性的地位」。然而我們怎麼證明這種說法？例如，杜維明一方面強調中國的將來是依賴這種「深入地反思」的知識分子，而另一方面很羨慕「日本『明治維新』以後的發展」[31]。那麼請問，日本明治時代的成功是知識分子深入反思日本文化的結果嗎？何況，上面已經說過，在一個社會裡面，最能「深入反思」的不一定是最能把握理性道德的；而且替理性道德找定義牽涉到很多認識的問題。馬克思很會深入地反思，可是他的烏托邦主義不一定最適合社會的發展。

　　因為中外的知識分子喜歡強調他們實然的還是應然的影響力，也很喜歡把世界問題知識化，他們常常認為，為了解世界最重要的問題，深入的反思是需要的。然而，很多問題好像只是「知易

----

[30]葉啟政，頁143。

[31]杜維明，頁67。

行難」的問題，亦即不一定需要很高明的學問，而只需要下決心去做罷了。例如，美國財政赤字問題的解決需要很高明的理論嗎？還是需要既得利益者的妥協？化解以色列跟阿拉伯國家間的怨恨變成和諧是否是深入反思的知識分子所能解決的問題？這些了不起的知識分子能不能說服汙染環境的企業家，讓他們尊敬大自然？

杜維明教授覺得二十世紀之後，「知識分子群體批判的自我意識，不僅會在學術界出現，而且會在企業界、大眾傳播界、軍隊、政府等各個地方出現。」這是因為那個時候是「服務階層……增加」之時，即是「知識分子」越來越「掌握了知識的資料、知識的信息、知識的系統，乃至智慧，也就是說，掌握了社會的神經系統」之時代[32]。然而，台灣的「服務階層」已經很大，而杜教授很強調台灣思想的「政治化」與「庸俗化」[33]，何況，美國的服務階層更大，可是貝拉（Robert N. Bellah）等學者們覺得美國社會在道德危機中[34]。換句話說，按照定義，知識分子當然是人類最能深入反思的，可是他們的學問不一定開明，而即使開明的話，就解決人類一些最根本的問題而言，他們高明的學問不一定很有辦法。

總而言之，當代中國知識分子的自覺問題在於他們常常把一種很有辯論餘地的樂觀性看法看成是天經地義的真理[35]。他們的

---

[32] 同上，頁178-179。

[33] 同上，頁112-113，52，14-15，46-47。

[34] Robert N. Bellah et al., *Habits of the Heart*（Berkeley: University of California Press, 1981）.

[35] 請參考上面註[23]所引的拙作。

樂觀主義有以下的特點。他們多半用規範性方法分析文化或社會，而覺得自己跟醫生一樣能直接地指定一個文化中哪一部分正常，哪一部分是病態。換句話說，他們多半覺得他們能以基於普遍性的道德理性之標準來評估世界上所有的文化。這些標準既客觀又詳細。所以按照這些標準，文化演變的唯一正途很明顯，而演變的目的是個完美的文化，亦即「大同」或「理想中國」。他們也常常覺得應該有辦法把所有關於文化演變的知識貫通起來，即是把所有原來很支離的知識或意見變成一個完整的體系。最重要的是，實際上人類有能力知道哪一些人是把握這種體系的先知先覺者。而且，這些開明分子應該居於一個有「真平等」之社會的最高的地位，決定政策與文化的演變。另外，這些開明分子在歷史上已經有這樣決定社會文化的演變者，還是他們在馬上來臨的時代中一定會這樣做。

這些預設不一定完全不合理。其實，一部分也合乎約翰·穆勒的思想[36]。然而，按照上面所談到的，這種對政治知識以及知識分子本質與能力的樂觀主義還是很成問題。我們知識分子需要很自覺地考慮到關於這些問題中比較悲觀的方面。沒有考慮之前，這種樂觀主義會很容易讓我們掉到「尊賢主義」的陷阱之內。我

---

[36]請參考拙作"John Stuart Mill's 'On liberty' and the Conceptualization of Democracy in the Three Principles of the People," paper for the Conference on Eighty Years History of the Republic of China, 1912-1991, sponsored by Academia Sinica etc., Taipei, August 11-15, 1991. Also in *The American Asian Review,* X：1（Spring 1992），pp.1-41.

們知識分子深入反思的能力很重要，可是一旦誇大自己的能力，就變成一種有成見的既得利益者，即是一種不「憂道」而只戚戚然地關心自己不受到社會重視的精英分子。孔子所謂「知之為知之，不知為不知」還是很根本的理想，而在二十世紀學術界忠於這個理想的知識分子當然需要考慮到很多關於自己本質與知識的新問題。

以現實方法處理現實問題的困難：三種多元主義

誠如上述，這些新的問題，除了已經討論的樂觀與悲觀主義以外，也有牟宗三教授所謂「曲通」問題，即是怎麼「迴真向俗」，怎麼樣一方面培養社會的人文基礎，另一方面建立一個環繞著工具理性的現代社會，也就是說，怎麼建立一種兼顧「道」與「器」的社會。

鄭觀應（1842-1923）跟很多後來中國知識分子一樣，覺得中國的問題在「器」方面，而歐美是在「道」方面[37]。這個說法不如說東西文化都還沒有解決「曲通」問題。然而，中國思想在「器」方面的問題特別大，即是不夠注意到現代化的現實需要。上述勞思光的話完全有代表性：他「並不從現實需要的角度來談中國現代化」。非常可惜的，梁啟超上述的話鞭辟入裡，卻沒有影響很多中國知識分子。

中國知識分子這種態度一個很重要的表現即是低估台灣在經

---

[37]鄭觀應，〈道器〉，可以在下書中找到：《中國哲學史資料選輯》近代之部（北京：中華書局，1959），頁104-106。

濟政治上的成就，甚至於覺得這是「虛假」的。本人另一篇文章
中提到很多這樣的例子[38]。依這種看法，台灣因為在道德或精神
方面沒有突破，所以所有在物質或制度上的進步不太重要。假如
社會的進步沒有把人類的黑暗方面拔本塞源，這個進步是假的。

　　1985年我在台北之時，一位很優秀的學生曾對我說：「這不
是一個理想的社會，所以你怎麼說我們的社會有進步呢？」1989
年台北舉辦的一次座談會中，出名的劉賓雁先生說：「台灣這幾
年政治、經濟的發展過程，對大陸很有啟示——但從另一方面來
看，台灣政治經濟成就雖然不錯，但是在人的精神素質的提高方
面卻也乏善可陳——目前大陸上不少人認為窮的讓他富，不自由
的讓他自由，就可以解決長久的積弊，這種想法忽略了如何使已
經殘缺不完全的人成為完美的人。」[39]

　　從我的角度來看，劉賓雁這個很有代表性的看法非常不合理。
雖然中國人總是很客氣地欣賞別人的成就，劉先生這邊所強調的
卻是台灣的缺點，即是跟別的社會一樣，台灣還沒有找到辦法來
完全重建人文精神。那麼低估物質上進步的劉賓雁跟康有為不同。
在《孔子改制考・敘》中，康氏強調聖人之道「不過其夏葛冬裘，
隨時救民之言而已」。何況，假如沒有物質上的進步，怎麼讓教
育制度發達，而這些制度不發達的話，怎麼能重建人文精神？假

---

[38] Thomas A. Metzger, "The Chinese Reconciliation of Moral-Sacred
　　 Values with Modern Pluralism," in Ramon H. Myers, ed., *Two
　　 Societies in Opposition*（Stanford: Hoover Institution Press, 1991），
　　 pp.43-51.

[39]《中國時報》，1989年12月19日。

如沒有物質上的進步，怎麼有都市化以及中產階級的增加？假如
老百姓還是靠天吃飯，他們怎麼「由己」地找到生活的價值？最
奇怪的是，按照劉先生的看法，雖然大陸還是深陷於政治經濟落
後的泥淖中，應該有辦法找到比台灣更好的生活。這種看法完全
依靠一種先天或先驗的信仰以確定進步的可行性，因為按照後驗
性而從歷史經驗歸納出來的知識，那麼了不起的進步跟毛澤東的
「大躍進」一樣地是不可行的。

要了解中國知識分子那麼低估具體的條件或具體的成就之偏
向並不容易，學者們大半同意：中國固有的文化就是「入世」的，
所以應該很實際的[40]。上面所引康有為的話正是例子。儒家的「愛
民」精神當然會強調為大眾造福利的具體方法，《論語》有「因
民之利而利之」的話。「功」字也是指這種「利」，而從《墨子
》這本書以後，實行「功」也是很多中國思想家的一個目標（《
荀子》是另一個例子）。最早在《易經》中出現的「致用」觀念，
也是儒家所沿用不止的。跟佛教的「八正道分」不一樣，大學的
「八條目」最後的境界是具有入世的與政治性的價值，即是「平
天下」，而儒家傳統當然是兼顧「修身」與「經世」[41]。徐復觀

---

[40]強調中國文化的入世觀（this-worldliness）有張灝、余英時、S.N.
Eisenstadt等。

[41]在這方面很有名的文章是Benjamin I. Schwartz, "Some Polarities
in Confucian Thought," in David S. Nivison and Arthur F. Wright,
eds., *Confucianism in Action*（Stanford: Stanford University Press,
1959）, pp.50-62.另外很有價值的文章是張灝，〈宋明以來儒家
經世思想試釋〉，中央研究院近代史研究所編《近世中國經世思
想研討會論文集》（台北，1984），頁3-19。

的說法大概成立：按照「孔孟乃至先秦儒家」的看法，「治人的
政治上的標準，當然還是承認德性的標準：但這只是居於第二的
地位，而必以人民的自然生命的要求居於第一的地位。治人的政
治上價值，首先是要設在人民的自然生命的要求之上；其他價值，
必附麗於此一價值而始有其他價值。」[42]

　　難怪清末民初的知識分子那麼熱衷於能夠帶給中國「富強」
的西方科技。他們很快就設定了目標，重新調整社會以便發展經
濟，這也是把工具理性（instrumental rationality）變成社會最重
要價值之一。同時，呂實強、王爾敏等學者的研究相當可以證明，
對很多清末民初儒家的知識分子而言，肯定民主是很自然的事[43]。
從儒家的觀點來看，民主的理想像平等、容忍及尊敬異己之類，
都有正面的價值，「民主」這個詞雖是進口的，民主觀念卻是離
儒家思想不遠。即是，儒家不但有「民本」的主張，而且有以老
百姓為政府的主人這種暗示。

　　這種暗示不但在最偉大的儒家思想之內（像黃宗羲的），也
在清代道光以前比較普通的文章裡，例如，汪潛認為：在人類最
早的時代，「人弱物強，物害乃滋，聖人出，為之驅物衛民，於
是群然戴附之以為君師。故君之立，民立之也。」這種「立」或

----

[42]徐復觀，《學術與政治之間》（台北：學生書局，1980），頁299。
[43]請看呂實強，《儒家傳統與維新（1839-1991）》（台北：教育部
　　社會教育司編印，1976）。王爾敏有《中國近代思想史論》（台
　　北：華世出版社，1977），以及別的有名的著作。另外有黃克武，
　　〈清末民初的民主思想：意義與淵源〉，中央研究院近代史研究
　　所編《中國現代化論文集》（台北，1991），頁363-398。

「戴附之」跟選舉精神不無關係。余廷燦也有類似的看法:「君相——非有異於民也,以民明民也,以民衛民也,非用民而為民用者也,此天地之心也。」[44]「天地之心」當然是一種自然法,而假如君為民所用的話,他是不是一種以自然法為基礎的「公僕」[45]?不錯,民主這個觀念跟中國固有的專制制度當然不同。可是這個專制跟儒家很流行的理想也不同。有的人會覺得民主不可能既配合中國文化的一部分,而又不配合另外一部分。他們以傳統中國為一個很貫通性或統一性的系統。然而,今天很多學者同意周代以後的中國是個「軸心文明」(axial civilization),而軸心文明的特點就是理想與實際制度間的衝突或惕對(tension)。西洋文化的民主觀念與中國皇帝制度有衝突,可是跟儒家理想有一些不謀而合之處。

　　無論如何,中國固有的文化很有入世精神以及一種偏向民主的方向。然而,在合理有效地處理現代政治經濟的實際問題時,中國知識分子這種入世觀是否發揮了作用呢?我們可以把問題集中在三種多元主義上,因為我們越來越清楚地看到,要實際上建設一個現代化民主的社會,此三種多元主義是萬不可或缺的。「經濟性的多元主義」指的是自由企業或資本主義(政府可做某種程

---

[44] 賀長齡編著,《皇朝經世文編》,八冊(台北:世界書局,1964),卷1:8b,1:1b。

[45] 王爾敏教授覺得「公僕」觀念跟中國傳統性的政治理念很不同,可是筆者認為有辯論餘地。請看王爾敏,〈中國近代之公僕觀念及主權在民思想〉,台北,1991年,中華民國建國八十年學術討論會的文章,頁3-4。

度的干預）。歷史已證明海耶克（F. A. Hayek）五十多年以前所建立的理論，即是除了自由企業性制度以外，沒有一個能盡可能地增加個人經濟性的刺激（incentives），而盡可能地替出產與貿易活動造出一個不增加成本的環境（reduce transaction costs）之經濟制度。「思想性的多元主義」是思想性的自由市場，如知名的政治學家杜意契（Karl W. Deutsch）所言，是一種思想衝突很紛紜而對世界及歷史中的各種思潮及資訊開放溝通的知識系統。「政治性的多元主義」則是政黨與政客的比賽，亦即所謂的政治市場。在這個市場中任何一個政客、政治黨派和利害關係不同的團體，都可以採用合法的手段，來達到有利於自己的目標。

今天，許多政治科學家相信，這種政治市場對民主化是必需的。按照他們的看法，問題在於怎麼找客觀的方法來處理政治上的爭論。他們把道德性的標準與法律或程序上的標準作一比較，而覺得後者比較客觀，比較容易避免見仁見智混亂不清的爭執。比方說，你覺得某候選人是假公濟私的，我覺得他很誠實，可是我們大概能同意他得到的票是多少。換句話說，講是非之時，有辯論餘地之處比講數字之時多得多。這是個西方思想常常注意到而中國思想卻比較忽略的對照。假如我們承認這個對照很重要，那麼我們會同意把我們道德性的爭論放在一邊，而採用票數這種標準或其他的程序性標準來解決哪一個人當選或政策應該怎麼樣制定等問題[46]。

---

[46] J.R. Lucas, "On Processes for Resolving Disputes," in *Essays in Legal Philosophy*（Berkeley： University of California Press, 1972），pp.167-182.

　　不錯，在依賴程序的政治市場中，守法但陰謀百出、廉恥喪盡的政客會很多。這樣一來，民主進展到某程度依然不能避免金錢選舉；說得更不好聽，鄉愿不但是德之賊，而且是民主的主流。然而，按照歐美政治思想的主流，專制比鄉愿壞；論民主，還是必須依賴最客觀的標準以分配政治權力，即是依賴程序性的標準以決定一個政黨是否合法。從這個歐美學者們的看法來講，人類沒有能力建立一種完全客觀沒有偏見的政治機制以評估哪一個政黨有私見，哪一個沒有。反而，一定要建立這種機制，馬上就有自己的偏見與利害關係。跟多半中國人的常識迥然不同的是，按照其美看法，孫中山先生要實行沒有「政客」的「良政黨」民主，這種想法雖然多半中國人很欣賞，不過不但沒有辦法落實，而且既天真又奇怪。我們下面談到常識因文化而異的觀念，此之謂也。而且，假如政黨的道德化沒有可能，那麼孫中山先生的「權」「能」區分也沒有辦法預防民主的流弊（詳下）。換句話說，人心惟危不是制度性的變法所能袪除的，而民主化也不例外。

　　我們怎麼證明三種多元主義是民主化與經濟現代化中不可或缺的條件呢？這也只有依賴後驗性的、從歷史歸納出來的知識；這種知識不同於另外一種關於歷史而很流行的想法，即是把歷史的構造或法律從一些超過經驗的觀念或信仰導引出來。儒家三代說也好，康有為的三世論也好，五四運動的把理想社會投射到西洋文化也好，馬克思主義從矛盾這個原則引出來的歷史理論也好，這四個關於歷史的想法都是基於超過經驗的證據。

　　按照這四種想法，人類的歷史性本質是二元性的。也就是說，歷史起碼有兩個迥然不同的階段，即是當代中國是「人心惟危」

而小人最多的時代；古代或西方或將來則是人心安仁而君子最多的社會。

是故，依賴經驗的歷史觀也是一種一元性的歷史觀：相信雖然歷史有進步，但進步有限，因為古今中外人類在人格與思考能力的品質上，還是大同小異，而二十世紀中國人或美國人的缺點在二十一世紀多多少少地會存在。這種中國所缺乏的一元性歷史觀是亞里斯多德所強調的，而也和張灝教授所提到的「幽暗意識」是分不開的。

總而言之，現代化的開展必需依賴上述的三種多元主義這個理論，這是歷史經驗（尤其是台灣、俄國、東歐以及大陸最近的經驗）所證明的，同時也反映了人類的幽暗一面，即是政客、商人、跟其他的國民之自私自利沒有辦法完全清除。政治、經濟的進步能改良個人的環境，但不能轉變人性。要反駁這結論必需依賴歷史以外的證據。

中國道德性語言與這三種多元主義的衝突

誠如上述，富強、經濟發展、民主平等、容忍異己等價值都是現代化中很受歡迎的方面，而且很容易配合中國固有的入世觀。然而，上述的三種多元主義卻與中國人的價值觀相當互相衝突，一但此三種多元主義果真是現代化不可或缺的，那麼現代化就不容易配合中國固有的入世觀。換言之，中國知識分子常常覺得中國文化不配合現代和民主化之處，就反映中國文化的缺點。然而，這三種多元主義很可能跟世界所有的道德傳統有衝突，因為所有

這些傳統都強調一種克己復禮的精神，害怕破壞道德秩序的任何邪說，所以跟三種市場不得不有某種程度的衝突。是故怎麼處理這個衝突變成現代化中很普遍性的難題，而中國當然不例外。

我們先談到經濟性的多元主義或資本主義跟中國固有道德思想的衝突。不錯，在中國，自由的市場經濟不但由來已久，而且是中國文化很受到「正當化」（legitimization）的一部分。何況鴉片戰爭之後，很多中國人很歡迎資本主義的生活。辛亥革命左右，梁啟超相當肯定資本主義，而最近一些像費景漢教授的學者有從儒家的立場來肯定資本主義的想法。雖然如此，儒家對於「逐利」一直心懷矛盾，很多二十世紀中國知識分子也持這種態度。從這類觀點看法來講，一個強調追逐私利的資本社會是不道德的，因為不但破壞個人的道德修養，也造成了既得利益者、特權者及各種不平等的現象。到現在為止，很多中國人不願面對這些現象是資本主義不可避免的代價。最近在舊金山一位從大陸來的留學生對我說他肯接受資本主義的好處，可是不要其缺點。1991年在台北開會之時，台北的一位學生對我說，他不能尊敬中華民國的領導，因為他們還沒有實行「均富」的政策。這兩位學生都覺得中國應該有辦法把一些別的國家還沒有能力實行的理想落實，不用說，三民主義有「節制資本」的看法，而沒有完全肯定資本主義，何況大陸的思潮。

關於思想性的多元主義或市場，固有的文化有兩個最根本的看法，一是排斥邪說的主張；另一則取寬容精神，相信有衝突的說法最後可以殊途同歸。所以思想性多元主義比較容易為中國人所接受。雖然如此，「殊途同歸」精神中還是強調「同歸」這個

主張，換言之，「人同此心，心同此理」是中國很重要的理想。
難怪中共有辦法把他們封閉性的態度與政策制度化；三民主義不
能和中共的封閉態度同日而語，可是甚至三民主義到某種程度也
有教條化的傾向。最重要的，連反對所有「主義」的中國知識分
子也不一定歡迎沒有系統而就有說法紛紜良莠不齊的思想比賽。
即使強調「多元」和「開放」社會的楊國樞教授還是要一種「人
同此心，心同此理」而能團結的台灣⑰（說詳下）。同樣的，像唐
君毅教授的中國哲學家一定要除去世界思想所有的「衝突」而替
古今中外所有的哲學找到「會通」處。

　　不錯，那麼欣賞人與人的不同（diversity）的思想家約翰·
穆勒也強調社會需要起碼的共識。然而，誠如上述，每一個思想
界對支離的知識與互相不會通的折衷論或者互相反駁的政治說法
有自己的看法。英美的思想界多半以這種思想混亂的競爭為正常，
可是中國知識分子比較要找到一種能幫助中國人團結的思想體系。
這個對照也是反映這兩個思想界在認識論上的不同⑱。

　　無論如何，和中國固有的道德性語言最格格不入的多元主義
就是政治性的多元主義；孫中山的看法很有代表性。他覺得民主
是需要政黨的比賽，可是誠如上述，他也覺得這個比賽應該是個
沒有「私見」政黨的比賽，即是「良政黨」的比賽。王爾敏教授

---

⑰楊國樞，《開放的多元社會》（1985），頁13-14，16-28。

⑱請參考上面註㊱所提到的拙作以及本人的"A Confucian Kind of
Modern Thought：Secularization and the Concept of the *T'i-hsi*,"
中央研究院近代史研究所編，《中國現代化論文集》（台北，1991），
頁277-330。

說得很清楚：孫先生要以「先知先覺」的智慧來建立一種「賢能政府」，而覺得「無論何種政黨……必須將人民幸福看作首要，否則就只能爭權營私，是必須戒慎而予以斷絕。」⑭ 其實，孫先生所要的是一種無政客的民主，他說：「『政客不死禍亂不止』至哉言乎……惟政客則全為自私自利，陰謀百出；詭詐恆施，廉恥喪盡，道德全無，真無可齒於人類者。」⑮

換句話說，孫先生所不要的就是一種所有我們在歷史上能看到的民主所不可避免的政治市場。台北也好，東京也好，華盛頓也好，哪一個民主例外呢？何況，孫先生對西方民主這些「流弊」都很明白。然而，他卻很樂觀地覺得中國人有能力建立一種歷史上到現在為止還沒有出現的賢人政府而「駕於歐美之上」。無論如何，孫先生和多至數不清同意他的看法的中國人都不要有政治市場的民主。他們會肯定孫先生對民主的說法，而不會批評他是過度樂觀⑯。

總而言之，雖然很多中國人覺得多元主義是完美的理想，卻很少承認多元主義在歷史上不可避免的一些特徵，尤其是資本主義的唯利是圖心理，造成社會不平等的趨向，政治市場的政客陰謀百出各使手段，以及思想市場的良莠不齊與學說紛紜。很多中國人覺得這種現象只是多元主義的流弊，而不是本質。然而，多元主義不是一種超過歷史的實體，而是個歷史性的過程。其實歷

---

⑭ 王爾敏，〈孫中山理想中的現代中國〉，頁10，20。

⑮ 王爾敏，〈中國近代之公僕觀念〉，頁10。

⑯ 例如，見註⑧、註⑮所引的王氏文章。

史性的多元主義都跟上述的「流弊」是分不開的。

　　之所以然，不但因為除了三代之外，君子少，小人多，而且因為政治也好、經濟也好、思想也好，市場性的架構如此強調個人的自由，而不強調一些客觀而超過個人愛惡的規範或權威。換言之，多元社會的動力不但多而且分散，同時沒有一種以道德性為基礎而能領導社會的核心或群體。說得更清楚，一些大公無私的人士，他們一旦形成一個政黨而參加政治比賽，那麼就不能維持這種大公無私，即使能維持，也不能獲得社會的肯定。

　　不錯，很多人仍然以為多元社會還有一個以道德理性為基礎的範圍。然而，為了避免政治專制與思想的教條化，多元社會的特點就是盡可能地減少這種範圍。

　　這樣一來，多元社會的道德秩序不太明顯。因為其成員的想法與行為常常互有差異，彼此間更有格格不入的感覺，而找不到「不同而和」的理想。換句話說，多元社會是個徬徨在治與亂之間的社會。

　　要找一個比喻的話，多元社會可比之於台北的交通。其實，台北的交通不等於絕對的混亂，還有不少共有的規矩，以及不少遵守這些規範的人；而且，人人都有不少的自由，你要散散步，開車，或坐公共汽車，都是由你決定。你要從和平東路到民生東路還是要到中山北路去，也是看你。然而，置身於台北的交通不是很愉快的經驗。空氣不太好，馬路很吵，騎摩托車的人橫行於人行道之上，而開車的司機，有的不錯，有的根本沒有資格開車。

　　很多中國朋友覺得這些困難就如同台北交通的流弊，而紐約的交通則沒有上述的流弊，亦即是交通很方便，美國人都守規矩，

而空氣很香。其實，紐約也好，洛杉磯也好，上述的流弊多多少少地是所有現代城市所無法避免的。同樣地，歷史性的多元社會不是一個完美的社會，而其本質也與中國植根於傳統的道德理想有格格不入之處。

當代中國知識分子排斥三種多元主義的偏向

是故，考慮中國現代化問題的思想家面臨了一個難題。一方面，三種多元主義或市場和中國尊崇的道德理想格格不入；另一方面，歷史越來越證明在經濟現代化以及政治民主化的過程中，三種多元主義是不可或缺的。中國知識分子如何處理這個難題？他們是否日漸明瞭此一難題，因而不僅將其注意力集中在自己的道德理想上，並且也集中在現代化的實際需要上，而尋找能結合現代化「道」「器」兩面的方法，即牟宗三提出的所謂的「曲通」？或者漠視歷史的證據而力求沒有這三種市場的現代化以及民主化？

不幸的是，大多數受尊敬而有影響力的中國知識分子都選擇了後者。上述的例子已經反映出這個事實，可是我們仍然需要進一步探討。以中國最有才華而最令人尊敬的現代知識分子之一的章太炎（1868-1936）為例，章太炎是領導辛亥革命成功之同盟會的領導之一。他1906到1910年擔任同盟會會刊《民報》的主編。要了解此一奇妙的人物，可參閱近年來張灝、王汎森、朱浤源及島田虔次等人很有價值的研究⑤。

章太炎的思想與生活好像處處充滿矛盾。他有反對儒家的說法，也很尊敬孔子；他有激進的社會主義精神，同時又支持國民

黨肅清共產黨;他既贊同最具唯心主義的大乘佛教唯識觀,而否定一切現象差異的存在,又強調中國種族系譜性的特點等等。然而,這些外表性矛盾的後面有他一貫性的精神。他要把超越所有形而下的差異這個最高明境界與政治經濟性的行為貫通起來。這就是他所謂的「迴真向俗」的精神,即是中國固有的「極高明而道中庸」精神。這就是說,他要趁現代的機會來實行中國最神聖的理想。所以,雖然他能跟現實需要妥協,他不能肯定上述的三種多元主義。

以他的佛教本體論為依據,章太炎要把一個絕對平等(否定傳統的上下秩序)的理想,與一個具備個人自由,消除自私心的理想結合。然後,他把這種完全普遍性的道德觀念跟一個完全特殊性的觀念結合,即是一個從欣賞中華民族在歷史上的成就引出來的愛國主義。因此,對歷史鉅細無遺的博學和佛教萬事萬物皆同的超越精義互相融會了。依章氏的看法,這種嶄新而又難把握的精義應該作為中華民族共有的意識形態,即是他們團結的基礎。所以跟五四時代知識分子一樣,章氏覺得中國的將來是依賴一種新意識的宣傳。是故,雖然章氏批評嚴復所介紹的進化論[53],而且他當然不接受康有為的三世論,他的歷史觀卻跟中國二十世紀

---

[52]Hao Chang, *Chinese Intellectuals in Crisis* (Berkeley:University of California Press, 1987); Shimada Kenji, trans. J.A. Fogel, *Pioneer of the Chinese Revolution; Zhang Binglin and Confucianism* (Stanford:Stanford University Press, 1990),上面註⑧所引王汎森的書;朱浤源,《同盟會的革命理論》。

[53]王汎森,《章太炎》,頁109-115。

的主流一樣，即是一種轉變性的進步論。

按照這種進步論，以上述的意識為基礎的中國人不會馬上「拔本塞源」地建立理想中國，而會很謹慎，深知和現實妥協，與習俗和諧相處是有必要的。不用說，一有這個原則，他的思想就馬上兼有保守與激進兩方面。然後，有這種心態的中國人會推翻滿清政府；拒絕西方帝國主義；建立共和國；使所有的政策都由「民意」所決定，可是完全避免建立既得利益者所能控制的代議制度，即是建立一種不是代議制度而還能表達民意的系統；用嚴格的法律與虛心的官吏以處理壞人；清除階級的差異以達到社會平等化；這樣形成一種不受地主及資本家壟斷的經濟架構。章氏這個思想當然跟上述的三個市場不配合。

有人說章太炎是一個異數，不能代表典型的現代中國知識分子。然而，不要忘了在海峽兩岸，章太炎都被視為知識分子中的英雄人物。正如朱浤源教授所言，章太炎和孫中山先生的看法基本上有相通處。譬如，如前文所說，孫中山雖然相信代議制度和政黨競爭的需要，但是他也希望能消除「自私黨見」以求完成一種大公無私的政治生活。而且，他對所謂的「資本家專制」一事也十分戒懼。同時，如王汎森先生談到譚嗣同（1865-1898）影響之時所指出的，毛澤東的共產理念和這種早期道德純淨化，絕對平等，充滿愛國情操而要求民族動員的政治理念有相通之處[54]不用說，馬克思主義式的現代化就是一種沒有上述的三個市場的現

---

[54]王汎森，《古史辨運動的興起》（台北：允晨文化實業股份有限公司，1987），頁1-19。

代化。那麼多中國知識分子那麼欣賞馬克思主義的原因之一，就是因為他們那麼需要找到一種沒有三個市場的現代化方法。

不錯，辛亥革命左右，梁啟超很肯定資本主義，而可能也有容忍其他兩種市場的態度[55]，可是他的態度一旦轉向後者，中國知識分子就越來越拒絕他的影響。五四運動之時，馬克思主義也好，自由主義也好，肯定上述三種多元主義的思想頗為罕見。而且，雖然國民黨實際上在某程度適應資本主義，在思想方面卻是排斥的，胡秋原先生說：「抗戰回國後，我常主張資本主義，三十年代的朋友都感奇異。國民黨人尤其不以為然。」[56] 不錯，台灣光復後，三種市場越來越正當化（legitimized）。然而，即使在台灣，反對資本主義的聲音還是很強。一個例子就是強調「民生主義的精義，首在發達國家資本，就是產業公營」的陶百川先生[57]。所以按照費景漢教授的研究，民營企業部門在台灣慢慢地逃避政治干涉是個很不容易實行的過程[58]。

連當代台灣的自由主義思想也排斥這三種市場。這是最有意義的事，因為這個思潮是最受到美國多元文化的影響。這些台灣自由主義者一方面好像很羨慕美國的多元文化，而另一方面完全

---

[55] 朱浤源，頁188-189，199，199，332，334。

[56] 胡秋原，頁221。

[57] 陶百川，《台灣怎樣能更好？》（台北：遠景出版社，1980），頁220-221。

[58] John C. H. Fei, "A Historical Perspective on Economic Modernization in the ROC," in R.H. Myers, ed., *Two Societies in Opposition*（Stanford：Hoover Institution Press, 1991），pp.97-110.

把他們理論性的多元社會與美國文化歷史性的真相分開。

不錯，建立很完美的社會理想沒有甚麼不好。問題在於把理想與歷史必然的將來混為一談，而不談怎麼處理歷史性多元社會所一定會帶來的流弊。換言之，問題在於相信將來的多元化社會一定會避免過去所有的多元社會所沒有避免的流弊。英美自由主義（像 *The Federalist Papers*）的焦點就在於怎麼處理這些過去將來都不可避免的流弊，可是台灣自由主義的焦點在於描寫一種沒有流弊的多元社會，而保證這個理想社會快要實現。然而，台灣自由主義這個保證是從很抽象的理論引出來的，而在人類歷史性經驗或實證知識中沒有基礎。

現有代表性的例子是台大國際知名的心理學家楊國樞教授。雖然他關於美國心理學與文化的學問那麼淵博，而關於多元主義的研究那麼有系統，他所講的多元社會卻是個抽象性的理想，而跟歷史性的多元社會不一樣。換言之，他的理論性的多元社會完全沒有上述的三種市場。在這一方面，楊氏的思想跟孫中山的或章太炎的沒有兩樣；他們都有一種二元性的歷史觀，而覺得中國一進入新時代，在人類歷史中到現在為止那麼流行的流弊就會多半淘汰。例如，歷史性的資本主義都有唯利是圖的心理以及社會不平等的趨向，可是楊氏所想像的多元社會卻沒有。在他的多元社會中，所有的競爭是「合理的競爭」。這就是說，這種社會「必然」會「趨向『個人主義』」，可是「這裡所說的個人主義，並不是指自私自利的意思，而是說重視個人的價值，個人的尊嚴。」是故在楊氏所想像的多元社會中沒一個階級「佔便宜」，另外一個階級「吃虧」或受剝削，「每個人都能發揮自己的潛能與活力」，

而「個人的社會身分與地位,是靠你自己的能力,努力及成就(也就是你個人的工作表現)所獲得的。」這樣一來,「社會利益的分配比較公開而均等」,而「在經濟上,可防止壟斷」⑲。

歷史性的民主跟當代中華民國一樣都有有「私見」的政黨與政客以及陰謀百出的毛病,可是楊氏的多元社會並沒有。在分析多元主義之時,他一點不提到這些問題。而且他的多元社會,因為「基於社會正義」會「防止權威主義」,而避免「權力的集中」與「濫用權力的情形」,他甚至於以為在多元社會中,大眾傳播就會「代表社會上各種團體,各種利益,各種觀點的意見」,而不會按照一些既得利益者或時髦思潮的看法來歪曲社會的溝通⑳。

在每一個歷史性多元社會中,知識分子繼續不斷地批評當代思想的良莠不齊與紛紜不已的危機,可是楊氏所想像的多元性的台灣,就沒有這種危機,而完全有以理性道德為基礎的共識。這個共識有很多層次:「共同的規範」與「社會習俗」,以「公義」為基礎的「法律」與「憲法」,肯定三民主義的精神,以及一種完全有「理性而善意的……學術思想」與政治批評的風格。同時,「中國文化現在還有用的部分,丟也丟不掉,自會保留下來」。這樣一來,最壞的思想像共產主義可以「訂立法律加以限制」,「而如果一種思想是不好的,便自然會受到社會的淘汰」㉑。所以,思想的差異會「和而不同」㉒,而社會會避免所有像思想兩

---

⑲楊國樞,《開放的多元社會》,頁28,44,10-11,32。

⑳同上,頁10,20。

㉑同上,頁6-7,13-14,18-19,24-27。

㉒同上,頁42。

極化或分歧化或既得利益者抑制好思想或老百姓妄信壞思想等危險。

這樣一來，連一位特別研究過多元主義的台灣學者也沒有正視多元主義在歷史上的真相，而仍然覺得中國的現代化和民主化必需而一定會避免上述三種市場的架構。

那麼，我們不得不問：為甚麼中國二十世紀思想的主流有這種共有的特點，即是一方面要現代化，而另一方面一定要排斥一些跟歷史性現代化分不開的東西？

五種中國式的看法和三種多元主義的衝突

進一步講，楊教授的思想也好，章太炎的思想也好，都反映了中國二十世紀思想的主流。換句話說，假如我們把這個主流分成四個分流（即是中國式的自由主義、尊敬孔子的人文主義、三民主義，以及馬克思主義），這四個分流共有一些最根本的看法或預設，而像章太炎或楊國樞的思想也不例外。這就是說，雖然中國二十世紀知識分子之間有那麼多辯論，不能忽略的是他們共有的特徵。這些共有的預設等於一種共有的道德性語言或論域（moral language of discourse）。論域是一個比較新的觀念，指的是思想中很重要的一個面相，例如，兩個政黨可能同意大公無私是很重要的理想，雖然不同意哪一個黨忠於這個理想，但是這個理想還是他們共有的規範之一，即是共有的論域的一部分。不錯，假如人類這種共有的規範大同小異的話，描寫中國思想那些共有的規範只是在浪費時間。其實，一個文化共有的規範跟另外一個文化的規範常常不同，如是，則顯示它們的根本常識之不同。

　　比方說，中國二十世紀思想共有的預設和環繞一元性歷史觀以及三個市場的英美思潮當然不同。這樣一來，因為甲文化共有的預設與乙文化有差距，所以甲文化的成員聽到乙文化的常識或想法之時，常常會有「豈有此理」的感覺（請見上面關於孫中山思想的例子）。換言之，有道理與沒有道理的區別，常常因文化而異，是故不少的西方哲學家以為普遍性的道理或理性似乎沒有。當然，哲學還問：到底哪一個看法最合乎道理。當然，這個問題這邊沒有時間詳談。我們要談的就是近代中國思想的一些共有的特點以及這些特點與上述的三個市場的衝突。就是因為這個衝突的緣故，所以中國二十世紀的思想多半避免承認上述的三個市場。

　　換言之，中外很多知識分子以為中共也好，國民黨也好，當代中國官方的思想都以不合理的成見為基礎，而當代中國「真正知識分子」的思想多半很合理，即是以普遍性的道德理性為基礎。這個看法不無是處，因為官方思想必須反映很多從政治來的壓力。然而，在一個文化之內，朝野的思想都不能完全超過這個文化最根本的預設而直接地進入一種普偏性真理的境界。這樣一來，當代中國思想的癥結不一定完全出在官方，也需要檢視朝野思想共有的預設。我們也要指出；這些預設是做為一種思想的構造，而持這種思想者的誠意不誠意是另外一個問題。

　　這種思想構造是關於怎麼修改文化，其實，美國也好，日本也好，義大利也好，中國也好，每一個文化一直處在修改過程中；甚至可以說文化就是一種修改過程而已。那麼，修改之時，人人需要一些根本的觀念。即是需要把修改的目標，知識的本質，歷史的方向，能影響歷史的群體，以及當代的情況都觀念化。至於

怎麼觀念化則因文化而異，可是常常看到兩個很不同的角度，即一個比較謹慎的，適應性的，以及實際的角度，而另外一個比較大膽的，轉變性的，以及烏托邦式的角度。二十世紀中國思想的主流是屬於後者。

它在目標方面是強調一種完全代表「民意」的理想政治，而這種理想政治會澈底以完整的道德和智慧為基礎；除了正義、道德和理性之外，沒有任何其他的社會等級或不平等之分。中國人民會毫無隔閡地團結一致以完成全國上下一體的目標。除了本國人民的富強康樂之外，還要「駕於歐美之上」。所以，這個目標在國際關係方面不但要免於帝國主義對中國的剝削，而且要使中國變成世界最受到重視的國家之一。所以說中國人的目標只是從一般性的國家主義來的是不太恰當，因為做為「地球上主人翁」（鄒容）並不同於單純地拒絕帝國主義。

不用說，做為「地球上主人翁」那麼高遠的目標，反映了傳統而來的一些看法。而且除了國際關係方面的目標以外，中國二十世紀在國內方面的目標，是既高遠又反映傳統。最能代表國內的目標是孫中山先生的民權思想，因為他自己覺得他的「政權」和「治權」的理論能解決西方人到現在為止還不能解決的問題，即是怎麼把「全民政治」與「萬能政府」這兩個理想同時而很完全地實行。（不用說，中國馬克思主義有類似的看法。）按照英美思想的主流，這個看法是烏托邦式的，可是中國知識分子很少認為孫先生這個理論不切實際。反而，很多以為中華民國還沒有實行這個理論就可以證明中華民國的政治活動不健全[63]。這個看法正證明他們多半肯定孫先生的目標，而不以為這是不切實際；

甚而，連認為其不切實際的人士也不敢公開地宣傳比較實際性的目標，即是面對思想、經濟、政治市場而不完美的民主。換句話說，中國二十世紀的思想常常覺得中國不但要趕上西方，而且有能力避免西方歷史無法避免的流弊。更奇怪的是，這種「超人感」常常跟一種「殘廢感」並存（詳下）。

第二個預設是一種非常樂觀的認識論。我這個主張跟林毓生教授所謂的「知識主義」在某種程度上重複。然而，林教授的「知識主義」是特別指一種相信知識分子的理論，無論正確還是不正確，都具有影響歷史的莫大力量。而樂觀性認識論是指一個更基本的預設，即是人性中具有找到正確觀念的能力。按照這種樂觀主義，道德或規範性的問題跟科學性的問題一樣都有客觀的真理，人心有能力完全把握這些真理，而且有能力以這些真理形成一種很完整的體系。因為「理想中國」共有的意識就是這種體系，在這種體系還沒有建立以前，中國沒有辦法找到出路[64]。最重要的，是這種體系或思想會解決上面所提到的「文化之出路問題」，即是找到既詳細又客觀的標準以決定中國文化唯一的正路，然後創造一個完美的文化。當然，強調中國人需要建立很完整的體系之預設不能配合一種有思想衝突與紛紜的思想市場或多元主義。同樣的，上述的目標當然與經濟政治市場的不平等方面不能配合。

---

[63]請看上面註⑤所引的拙作。這是針對陳其南教授以盧梭式的理想來評估中華民國的民主化這個說法，按照本人的經驗，陳教授這個看法在台灣學術界具有代表性。

[64]請參考註⑤、註㊱、註㉓等所引的拙作。

這種體系包括了關於歷史的知識，可是第三個預設是描寫歷史的本質。按照這個預設，歷史是二元性的。上面已談到這個在中國很流行的看法。無論是指古代的中國人，將來的中國人，或當代的外國人，歷史包括了一種在道德與知識上很完美的階段，而這個完美的階段跟當代那麼糟糕的中國完全不一樣。換句話說，當代中國是世界歷史的一種殘廢者或「怪胎」[65]。因為正常的文化比較完美，所以，開發國家之所有的困難或缺點都不正常，原因就是既得利益與不開明的思潮所致的。

不錯，雖然不少的西方學者堅持文化相對主義，而反對所有區別先進落後的價值判斷，但中外很多學者仍然強調歐美在世界歷史上很突出的成就，而覺得中國人需要更採取西方文化的長處以修改自己的文化[66]，所以這種近代中國思想中的二元主義不無是處。雖然如此，還是有問題值得探究。

很多人會同意，每一個文化有利弊，而需要繼續不斷地修改；而且，修改之時應該考慮到別的文化的特點。然而，這種實際性的修改不同於涇渭分明而一面倒地強調中國與西方文化的對照，甚至於說比起中國文化，西方文化已經完全以理性道德作為基礎，更何況說革命之後，中國人會進入一種更高明的「大同」或「太平」時代。

中國的歷史觀不但偏向這種很過分的二元主義，而且多半覺得當代世界的歷史有個預定的方向或「潮流」，即是會以上述的

───────────

[65]林安梧先生的觀念。請參考註⑤所引的拙作。

[66]同上。

目標為趨向。同時，抱持正確的體系或思想的開明分子會很清楚地了解到歷史的潮流是甚麼。是故，按照第二與第三個預設，思想界不是一種從很多方面找真理的思想市場，而是個開明分子與不開明分子的爭執。當然，在這種情況下，二分法的態度很難避免。

按照第四個預設，為了跟著世界潮流而達到上述的目標，把握正確體系的開明分子需要團結而奮鬥以使歷史進步得更快。所以進步是看先知先覺的工夫，即是一種由上而下的政治過程或革命。國民黨也好，中共也好，知識分子也好，這種由上而下的過程跟民主性的三種多元主義不太配合。

第五種預設是指一種困境感。按照這個看法，雖然開明分子能依賴歷史的潮流，不過到現在還沒有能掌握這個歷史所給予的機會，因為碰到了阻礙，即是自己的缺點以及既得利益者的力量。誠如上述，當代中國的困難多半不是一些人類或開發國家或現代化國家難以避免的困難，而是一些不正常的流弊，源自於不開明的領導。

這個區別非常重要。假如你的錯誤是正常的話（例如，你忘記帶一本書），我可以原諒，而繼續合作。假如錯誤不正常（例如，我請你替我暫時地抱著我的小孩，而你不小心讓他落到人行道上），我怎麼繼續跟你合作？同樣的，假如開發或現代化國家沒有做到均富，而這個缺點是情有可原的正常現象的話，我能忍受而合作。假如均富是正常的政府所能做到的，我會很忿怒地反對一個沒有均富的政府。所以，一個政府能不能正當化（legitimized）是看國民以為其缺點是否正常。有困境感的國民會覺得他們政治困難不正常。換句話說，因為正常行為就是配合歷史潮流的行為，

而歷史潮流就在把人類推到理想時代去,所以不理想的政府就不正常,而「不值得存在」。

不錯,中國大陸的困境多半正是因為中共的政策不正常,而不可以原諒。然而,連台灣經濟政治突破之後,很多中國知識分子卻以為這種進步是「虛假」的而當然不承認甚麼中國式的現代化的模範。所以楊國樞教授在1980年左右肯定這個模範的看法,是相當例外的。何況政治科學家把所有東歐、非洲、南美、亞洲中七十年代以後開始民主化的國家比較起來之時,他們很少看到像台灣那麼既穩定又健全的過程。實際上,從比較性研究的看法來看,經濟發展也好,政治發展也好,台灣的成就很卓異。雖然如此,按照很多中國知識分子的看法來說,台灣和大陸的不同只是五十步笑百步[67]。

這種困境感跟上述的烏托邦性目標是分不開的。一種像台灣有資本主義與政治市場的社會當然不配合孫先生「全民政治」這個目標。這就是說,評估當代情況的思考方式不但反映客觀的情況,也反映評估者的標準。

這五種近代中國很流行的預設或看法當然會引起很多的辯論;

----

[67]為了找例子,請看何懷碩刊於《當代》29期的文章(1988年9月),頁147-148。關於政治科學家以比較性方法研究七十年代以後的民主化現象,我這邊依靠的是Lary Diamond, "The Globalization of Democracy: Trends, Types, Causes, and Prospects," to appear in Robert Slater, Barry Schutz, Steven Dorr, eds., *Global Transfor-mation and the Third World*(Boulder:Lynne Rienner Publishers, 1992).

然而，辯論就反映一種共有的議題或會議事項（agenda）。這樣
一來，近代中國思想的發展一方面有學派的衝突，另一方面仍然
有共有的預設以及議題。比方說，第四個預設是強調開明分子的
角色，可是誰算是開明分子？這就是一個共有的「會議事項」。
有的人是指某政黨，而有的是指一種特殊的意識，像杜維明的「中
國知識分子一脈相承的『群體的批判的自我意識』」，或胡秋原
的「一國各個學問力之總和」⑱。無論開明分子是誰，他們應該
用甚麼教育上、經濟上、政治上等方法來奮鬥？他們的體系應該
採用甚麼思想家的本體論、認識論或歷史觀？這些問題都是另外
一些共有的「會議事項」。然而，無論近代中國的各種思潮怎麼
處理這個問題，他們共有的五個預設仍然和上述的三個市場格格
不入。

　　這五種預設是淵源於儒家傳統呢？還是從國外輸入的？學者
們仍然為此爭論不休。然而，我們很清楚地看到在二十世紀初期
從西方輸入中國的政治理論，有的跟這五個預設特別格格不入，
有的則跟這五個預設很容易融合。前者是以洛克《聯邦主義者》
（ The Federalist ），以及約翰・穆勒為典型代表的自由主義，後
者是以盧梭、黑格爾，以及馬克思為典型代表的民主思想（以下
簡稱穆勒主義與馬克思主義）。

　　穆勒主義很有張灝所強調的「幽暗意識」，而肯定上述的三
個市場。同時穆勒主義越來越跟懷疑主義交織在一齊，而覺得人
類沒有能力把所有跟人生有關係的知識變成一種很完整的體系。

---

⑱杜維明，〈自序〉，頁5；胡秋原，頁208。

馬克思主義則與之相反，尤其是與很多中國知識分子一樣的覺得「全民政治」與「萬能政府」這兩個理想可以同時實行[69]。難怪中國近代政治思想的主流常常偏到馬克思尤其是盧梭的方向。這樣一來，排斥三種市場的偏向對近代中國的發展有其大的影響。

不現實的入世觀在傳統的根源

這五個預設跟儒家傳統之間的關係是太過複雜，這裡不能詳細地探討。然而，誠如上述，以這五個預設為基礎的思想是烏托邦式的，就是雖然要改造世界，也不要太承認這個世界的實際性問題，即是一種不現實入世觀。

這種不現實入世觀當然有傳統的根源，大概可以上推到佛教輕視形而下的物質生活的看法。佛教這個角度跟宋明理學以及道家的影響經常交織在一起，而清末民初時，這種看法十分流行。上面所引章太炎思想並非孤例；另外孟子輕視功利、蔑視霸政，孟子強調的王道精神很配合中國二十世紀烏托邦主義的偏向。同時，孟子思想與佛教這兩種看法都屬於根本的人生觀，即是對社區社會（Gemeinschaft）與結社社會（Gesellschaft）的看法[70]。此地用這兩個詞以指人類思想很流行的一個對照，即是古代社會

---

[69]請參考Charles E. Lindblom, *Politics and Markets*（N. Y.: Basic Books, Inc., Publishers, 1977）, pp. 247-260; David Held, *Models of Democracy*（Stanford: Stanford University Press, 1987）.

[70]這邊的翻譯是從葉啟政，頁2來的。這兩個範疇是Ferdinand Toennies所最早強調的。

都市化而複雜化以後，很多人一方面適應這種問舍求田、道德含糊、思想紛紜、人情淡薄、交通混亂、組織複雜的市民生活（結社社會），而另一方回顧理想化的社區社會，即是感情很厚、道德很明顯，而以農業為本的小村生活。不用說，都市化以前，鄉下人的生活大概沒有像後來的人所想像的那麼好。我們所談的只是都市化以後的古代理想化的意識形態，而這個意識裡面就有社區社會與結社社會這種道德性的惕對或緊張（tension）。

問題在於怎麼處理這個緊張。因為結社社會還是現代化的基礎，是最環繞工具理性的社會部門，問題是怎麼把結社社會正當化，也就是怎麼把結社社會及其三個市場看為正常生活的主流，以及社會進步的動力。換句話說，按照社區社會的理想，市民生活的結社社會沒有道德秩序。這樣一來，把結社社會完全正當化是需要在市民生活中找到一些新的價值，甚至於一種新的道德理想，例如私有財產的保護，法律的尊敬，個人自由的發達，商業的成長，以及知識的增加以作為社會最有價值的活動，而所以到某程度否認上述社區社會的理想。而且，重視市民生活這種精神大概率涉到一種道德觀念的變通，即是承認公共生活的道德水準比個人或家庭或小村最高的道德理想低一點。這樣一來，結社社會不再為沒有道德秩序，而是變成拯救人類的媒介物。然後，社會能把所有的資源集中在於培養結社社會的發達這個目標。

然而，這種人生觀的蛻變不容易。我這邊的意見和勞思光教授的看法很類似的，因為在結社社會正常化上，我也以為西洋文化早於中國文化。中國思想則連現在也還是比較排斥結社社會，而今天的台灣則就是一種結社社會。難怪那麼多中國知識分子還

是以為台灣經驗不算是中國現代化很正常的例子，台灣這個結社社會當然不是這種理想中的社區社會。結果，對很多中國知識分子而言，台灣的進步是「虛假」的。

不錯，西洋文化也有蔑視結社社會的思潮。不用說，從盧梭以後，「市民」（bourgeois）或「小市民」（petty bourgeois）常常變成罵人的話。盧梭很看不起「以從俗為善，以貨財為寶，以養生為已至道」（引自《荀子・儒效篇》）的小市民。上述的盧梭、黑格爾以及馬克思的思潮就是這個樣子。然而，西洋文化在哲學、宗教，以及文學方面也有各種肯定結社社會而視之為進步之動力的世俗化趨向。韋伯關於清教徒以及資本主義的研究就是談這種漸漸地把結社社會看為拯救人類的媒介物之世俗化蛻變。西方文學也很多反映這種轉變。比方說，**Bernard Mandeville's** *The Fable of the Bees*（十八世紀）就是表達一種諷刺傳統性倫理的精神，而要讀者了解固有的道德思想是需要某種程度的變通[71]。其實，亞里斯多德與聖奧古斯丁很久以前就強調公共生活的道德水準大概不能配合最高的道德理想。換句話說，從這種西方文化的看法來講，「內聖外王」是個不可行的理想[72]。

---

[71] William Anthony Stanton, "Bernard Mandeville's Ambiguity in 'The Fable of the Bees': A Study in the Use of Literary Traditions" (Ph. D. dissertation for the Department of English, The University of North Carolina at Chapel Hill, 1978).

[72] For this point about Aristotle, Augustine, etc., see Thomas A. Metzger, "Developmental Criteria and Indigenously Conceptualized Options: A Normative Approach to China's Modernization in Recent Times," in *Issues and Studies*, 23:2（February 1987），pp.37-44.

中國的思想則缺乏這種世俗化而肯定結社社會的思潮。不錯，中國歷史中商業經濟以及結社社會常常很發達，而其價值取向也受到某種程度的正當化[73]。然而，正當化的程度有限。儒家思想一直強調世界的拯救是看學者的格物致知誠意正心修身齊家治國平天下的工夫，而不是看結社社會的發達。這樣一來，商人的地位與聲望不可能與學者平等，而政治生活不可能集中於使結社社會盡可能發達的目標之上。其實，中國二十世紀知識分子沒有把台灣的結社社會正當化是中國歷史第四次有這種結社社會的反應。

第一次是東周時代。這是個封建制度崩潰，商業發達，都市勃興，士人階級出現，而郡縣制度興起的過渡時代。按照許倬雲教授的說法，東周的社會是從家庭性形態變成契約性形態[74]。然而，孔子以及戰國儒家思想家有沒有歡迎這個轉變？

不錯，像儒家「賢者在位、能者在職」的一些理想比較配合新的社會架構。然而，他們仍然有一種「復」的渴望，即是要重建一種以禮為基礎的社區社會。對他們來說，東周社會架構的變化不是個從封建階段到郡縣階段的前進過程，而是個在制度道德方面衰落的時代。

中國結社社會發展第二次是唐宋元時代。像內藤虎次郎等日本漢學家，覺得宋代是現代中國的萌芽時代，而英國漢學家Mark

---

[73]余英時，〈儒家思想與經濟發展：中國近世宗教倫理與商人精神〉，in *The Chinese Intellectual*, vol.6（winter 1985），pp.3-45.

[74]Cho-yun Hsu, *Ancient China in Transition*（Stanford: Stanford University Press, 1965），p.2.

Elvin則強調宋代五個突破或「革命」，即是農業、船隻運送、貨幣賒賬、市場架構與都市化，以及科學科技方面的五個突破。而且包括被培根視為能創造新世界三個最了不起的發明，即是印刷、火藥，以及羅盤。然而從宋明理學家的看法來講，這些突破不太重要。對他們來說，這種「外在」的「功利」沒有四書、修身那麼重要，而在社會組織方面，他們仍然強調「復古」，即是以井田封建宗法為基礎的社區社會。像陳亮的那種直接地強調功利的說法，並沒有辦法變成正統思想。甚至連印刷術的發明也不一定為宋人所歡迎的。反而，政府關於曆日、刑法、經典、時政、邊機、時文，以及國史的書，常常禁止雕印或出賣㉕。不錯，我們在宋代思想中很少看到像漢代儒家在《鹽鐵論》裡那種「抑商」態度。然而，宋明理學仍然以人的內在生活為焦點，而沒有直接地強調外在功利的價值，何況商業都市化生活的價值。

　　中國結社社會發展第三次是明清時代。馬克思主義的學者說這個時代有資本主義的萌芽。其實，那個時候的經濟擴大亦很了不起。耕地、耕地的生產力、國內與國外的貿易、都市的數量，以及人口，都急劇增加。到了乾隆時代，中國都市化的人口跟法國整個的人口差不多（兩三千萬）。經濟多半以私有財產為基礎。政府是強調「通商」政策，而商人對自己的職業開始有自尊精神。貨幣制度、土地占有關係、徵稅制度，以及社會階層制度，都有轉變。扼要地說，這個轉變是越來越把經濟活動區別化以避免政

㉕朱傳譽，《宋代新聞史》（台北：中國學術著作獎勵委員會，1967），
頁180。

權的干涉。而且明清時代的經世思潮，常常有適應這個轉變的態度。最有名的是黃梨洲「工商……蓋皆本」的話⑯。同時，像黃梨洲的思想家關於政權架構改造的看法，它們在某種程度上有二十世紀民主的味道⑰。

　　然而，明清的思潮跟宋代一樣，就是適應這個社會轉變，而沒有以這個轉變為一種前進過程。宋明理學也好，清代考證運動也好，按照明清思想，人的拯救是依賴儒學的發達，而不是這種社會變化所能實現。而且明清之際，復古精神還是很強。連黃梨洲也要回復井田制度，而顧炎武則很羨慕明初比較簡單的社會。何況顧氏要回復唐代的租庸調制度，似乎要把明清農業商業化的趨向取消。顧炎武的理想社會就是一種社區社會，而到現在為止，明清學者中之最受到中國人尊敬的，大概是顧炎武。

　　總而言之，儒家內聖外王的理想是跟社區社會的理想分不開的，而中國歷史上每一次有結社社會的勃興，儒家知識分子能適應新的社會架構，可是沒有在這些「外在」的變化中發現結社社會的價值。難怪上述二十世紀最流行的五個預設不容易跟結社社

---

⑯關於明清時代的經濟社會轉變，著作很多。最近有Ramon H. Myers, "How Did the Modern Chinese Economy Develop?--A Review Article," in *The Journal of Asian Studies*, 50:3（August 1991），pp.604-628.

⑰熊秉真，〈十七世紀中國政治思想中非傳統成份的分析〉，《中央研究院近代史研究所集刊》，15期上冊（1986年6月），頁1-31。拙文上面「以現實方法處理現實問題的困難：三種多元主義」也談到這個問題。

會配合，而很多中國知識分子不太重視台灣經濟政治的突破也是這個樣子。同時，中國知識分子以前很多那麼肯定毛澤東的社區社會理想也不足為奇。這樣一來，中國二十世紀知識分子排斥三種多元主義或市場這個偏向是植根於儒家、佛教及道家的一些很根本的看法。

這些根源更證明中國二十世紀思想與固有文化的連續性。以前很多學者以為鴉片戰爭之後，中國思想越來越西洋化而脫離傳統，然而，今天的學者不少已經了解到這個說法的不足。清末民初很多中國愛國者要好好地修改他們所繼承的文化，所以他們常常很熱心地強調西化甚至於「全盤西化」。然而，他們所想像的西洋文化這個觀念跟一些固有的理想或預設糾纏不清。這樣一來，研究中國二十世紀思想在傳統的根源不能限於談人文主義在儒家思想的根源，何況甚麼「封建遺毒」。

按照馮友蘭的看法，中國固有的思想都是環繞「極高明而道中庸」這種入世觀性的目標。然而，這個目標也有一個馮氏所沒有談到的特點，即是跟社區社會的理想分不開的。換句話說，按照中國傳統思想的主流，市民結社社會的價值（例如私有財產的保護、法律的尊敬、個人的自由、商業的發展，以及知識的增加等）還沒有取代結社社會的病態（例如問舍求田的追利心態以及道德含糊、思想紛紜、人情淡薄的生活）。因為對儒家的主流來說，生活的價值跟社區社會是分不開的，所以不能以結社社會的長處為人類最寶貴的價值。

清末民初之後，這個人生觀沒有根本的改變。一方面「極高明而道中庸」的精神繼續發展，即是章太炎的「始則轉俗成真，

終則迴真向俗」，或牟宗三的「曲通」。另外一方面，因為知識分子很多還是不肯定市民結社社會的價值，所以把現代化及民主化跟社區社會的理想交織在一齊。因為這個社區社會理想對他們那麼寶貴，所以不能肯定以結社社會為基礎的三個多元主義或市場，何況，他們常常強調快要來的歷史階段就是一個超過三個市場的大同時代。這樣一來，既然世界歷史與台灣經驗越來越證明實際的現代化及民主化必有三個市場的代價，很多中國知識分子談現代化之時，卻是把這種歷史性證據抹殺，而盼望將來的烏托邦。難道這不是一種不現實的入世觀？

結論：不現實的入世觀與知識分子角色的樂觀主義

總而言之，假如要試談中國二十世紀知識分子的自覺問題所在，一方面可以提到這個不現實的入世觀，另一方面可以注意到他們對知識分子角色的樂觀主義，即是覺得所有人生最重要的方面有既客觀又詳細的標準；同時，人心有能力很完整地把握這些標準，而將之變成很完整的體系；而且，人類有辦法很客觀地決定哪一些知識分子是把握正確的體系，哪一些有錯誤的思想。

不錯，這種樂觀主義與所謂不現實入世觀不一定是錯誤的思想。這裡我們不必馬上判斷哪一個說法有道理，哪一個沒有。我們只強調自覺這個目標，即是知識分子應該考慮到所有關於上述問題的說法，而不要僅僅武斷地採用其中的一個。我個人覺得中國二十世紀的思想很多是缺乏這種自覺。

而且，這兩個自覺問題是分不開的。換句話說，上述的五個

預設不但包括這種樂觀主義，而且有跟三個市場不容易配合的不現實入世觀。這就是說，第二個預設是指認識論方面的樂觀主義，而第四個預設是指先知先覺者在歷史中的重要角色。這樣一來，中國知識分子對自己的意象與關於中國的目標、知識的本質、歷史的構造，以及當代的困境等所有這些預設是交織在一起的。假如自覺的話，他們是不是需要把所有這些預設挖掘出來，看看能不能配合現代化及民主化的現實需要（上述的三種多元主義），以及知識分子的現代歷史實際情況之下所能扮演的角色？

然而，假如中國知識分子有自覺問題的話，這不是說中國文化比西洋文化更不容易配合現代化的需要，甚至於是歷史的「怪胎」。其實，歷史上的文化哪一個不是怪胎？到現在為止，哪裡有一個能避免自覺問題而「極高明而道中庸」的文化，即是把三種社會市場跟人類最神聖的價值聯合起來？中國的自覺問題不是比歐美的嚴重，而只是跟歐美的不同而已。換句話說，「不同」可以證明，而「更嚴重」則沒有辦法證明。

按照我個人的看法，中國知識分子最關鍵性的自覺問題在於怎樣評估社會裡面的各種關於政治的看法或聲音。上面已經說過，英國政治理論家John Dunn是把這些看法分成三種：官方性的「政治理論」、專家或知識分子「政治理論」（他是特別指行為科學家，可是我這邊所指的是所有政治核心以外的知識分子），以及老百姓的「政治理論」。這三種理論或意識怎麼評估？評估應該以甚麼標準為基礎？有的人會覺得這些標準太明顯，所以不值得討論。其實，古今中外評估性的看法很多相矛盾。比方說，Dunn自己常常把官方性理論與專家理論都一體蔑視，而比較欣賞「老

百姓理論」。中國知識分子則多半一方面把官方以及老百姓理論都加以蔑視，而另一方面以為自己有一種「站在天下為公一面而代表人民的群體意識」[28]。

我這邊所要強調的就是這個中國式的評估角度所牽涉到的問題。蔑視「老百姓理論」這個看法跟民主思想怎麼配合？假如不開明的老百姓控制民主政府的話，民主怎麼開明？同時，假如政府是需要的，那麼從政是有價值的職業。這樣一來，我們怎麼蔑視所有官方性的說法？不錯，官方性的說法一定會反映一些成見。然而，上面已經說過，按照不少學者的說法，連知識分子也沒有辦法進入一種超越成見的境界。難道上述的五個預設超過所有的成見嗎？何況這些預設是以知識分子為救中國救世界的英雄，而這樣使他們的聲望膨脹。這種聲望也算是一種能影響人的利害關係。因此，最重要的是怎麼評估一個工人或老闆或教授或農人或部長的話？他的說法有沒有道理是看這個說法的理由怎樣嗎？還是看他在社會中的角色？假如知識分子的意識也是跟成見交織在一起，二十世紀中國知識分子的主流有那一些成見？我們評估這些成見之時，我們的標準應該怎麼決定？我們的標準應不應該強調現代化以及民主化的現實需要？為了了解這些現實需要，我們應該用甚麼樣的觀念？後驗性而從歷史歸納出來的知識？還是一種超過歷史性證據的信仰？沒有考慮到這種問題的知識分子，有沒有自覺？沒有自覺的知識分子，能不能「救中國，救世界」？

---

[28]杜維明，頁91。引用杜教授的話之時，為了配合拙文的脈絡，我略為改變他的句子構造。

中國歷史轉型時期的知識分子

1992年9月初版　　　　　　　　　　　　　　　　定價：新臺幣220元
2019年3月初版第九刷

有著作權‧翻印必究
Printed in Taiwan.

　　　　　　　　　　　　　　　　　　　　　　著　　　者　余　英　時　等

出　　版　　者　聯經出版事業股份有限公司　　　　總　編　輯　胡　金　倫
地　　　　　址　新北市汐止區大同路一段369號1樓　總　經　理　陳　芝　宇
台北聯經書房　台 北 市 新 生 南 路 三 段 9 4 號　社　　　長　羅　國　俊
　　　電　話　（ 0 2 ） 2 3 6 2 0 3 0 8　　發　行　人　林　載　爵
台 中 分 公 司　台 中 市 北 區 崇 德 路 一 段 1 9 8 號
暨 門 市 電 話　（ 0 4 ） 2 2 3 1 2 0 2 3
郵 政 劃 撥 帳 戶 第 0 1 0 0 5 5 9 - 3 號
郵 撥 電 話　（ 0 2 ） 2 3 6 2 0 3 0 8
印　　刷　　者　世 和 印 製 企 業 有 限 公 司
總　　經　　銷　聯 合 發 行 股 份 有 限 公 司
發　　行　　所　新北市新店區寶橋路235巷6弄6號2F
　　　電　話　（ 0 2 ） 2 9 1 7 8 0 2 2

行政院新聞局出版事業登記證局版臺業字第0130號

本書如有缺頁，破損，倒裝請寄回台北聯經書房更換。　　ISBN　978-957-08-0839-1 (平裝)
聯經網址 http://www.linkingbooks.com.tw
電子信箱 e-mail:linking@udngroup.com

國家圖書館出版品預行編目資料

中國歷史轉型時期的知識分子 /
余英時等著 . --初版 .
--新北市：聯經，1992年
154面；14.8×21公分 .
ISBN　978-957-08-0839-1(平裝)
[2019年3月初版第九刷]

1.哲學-中國-歷史-論文，講詞等
2.知識分子

112.07　　　　　　　　　　81004515